Distribution

Pour le Canada:

Les messageries ADP
955, rue Amherst
Montréal (Québec)
H2L 3K4
Tél.: (514) 523-1182

Pour la France:

Dilisco
122, rue Marcel Hartmann
94200 Ivry-sur-Seine
Paris (France)
Tél.: (1) 49 59 50 50

Pour la Belgique:

Vander, s.a.
321, avenue des Volontaires
B-1150 Bruxelles (Belgique)
Tél.: (32-2) 762 9804

Pour la Suisse:

Transat s.a.
Route des Jeunes, 4ter
Case postale 1210
CH-1211 Genève 26
Tél.: (022) 342 7740

Sports versus Affaires

Plan d'entraînement
pour former une équipe exceptionnelle

Données de catalogage avant publication (Canada)

Shula, Don, 1930-

Sports versus Affaires
Plan d'entraînement pour former une équipe exceptionnelle
Traduction de: Everyone's a coach.

ISBN 2-89225-278-4

1. Football - Entraînement - Philosophie. 2. Motivation d'accomplissement,
3. Motivation (Psychologie), 4. Leadership. - I. Blanchard, Kenneth H.
II. Titre.

GV954.4.S5614 1996   796.332'07'7   C95-941709-5

Cet ouvrage a été publié en langue anglaise: EVERYONE'S A COACH,
YOU CAN INSPIRE ANYONE TO BE A WINNER
Co-published by Zondervan a publishing House and HarperBusiness,
divisions of Harper Collins Publishers Grand Rapids, Michigan 49530
Copyright © 1995 by Shula Enterprises and Blanchard Family Partnership
All rights reserved

©, Les éditions Un monde différent ltée, 1996
Pour l'édition en langue française

Dépôts légaux: 1er trimestre 1996
Bibliothèque nationale du Québec
Bibliothèque nationale du Canada
Bibliothèque nationale de France

Conception graphique de la couverture:
ANDRÉ PIJET

Version française:
CLAUDETTE BEAUNOYER

Photocomposition et mise en pages:
COMPOSITION MONIKA, QUÉBEC

ISBN 2-89225-278-4

(Édition originale: ISBN 0-310-50120-2, Harper Collins Publishers,
Michigan)

IMPRIMÉ AU CANADA

Don Shula et Ken Blanchard

Sports versus Affaires

Plan d'entraînement
pour former une équipe exceptionnelle

Les éditions Un monde différent ltée
3925, Grande-Allée
Saint-Hubert (Québec), Canada
J4T 2V8

*À Mary Anne Shula et Margie Blanchard,
pour leur amour, leur soutien, leur
encouragement constants et leur aide
précieuse pour la rédaction de ce livre.*

Table des matières

Remerciements

À *Charlie Morgan*, pour avoir découvert le potentiel de notre partenariat et persévéré jusqu'à la concrétisation de ce projet. Charlie nous a ensuite encouragés à traverser les étapes difficiles; il est le souffle, l'inspiration de ce livre.

À *Jim Ballard*, pour sa créativité et son engagement dans ce projet. Après le premier jet, Jim s'est associé à Ken pour collaborer à la rédaction. Il n'était pas inhabituel de les voir passer 18 heures par jour à écrire, créer et prier ensemble. Jim est non seulement un écrivain exceptionnel, mais il est aussi un être humain chaleureux et attentionné. La qualité de ce projet s'est accrue grâce à sa participation et aux recommandations incessantes des Quatre Grands.

À *Margret McBride*, notre agente littéraire qui, dès le départ, fut emballée par ce projet et a su transmettre cet enthousiasme à nos partenaires des éditions Harper Business/Zondersmile. Merci Margret pour ta disponibilité, ton sourire, tes bonnes idées et ta volonté inébranlable de mener ce projet à terme.

À *Lyn Cryderman*, de Zondervan et *Adrian Zackheim* de Harper Business, nos éditeurs, pour avoir cru en notre projet, et pour leurs commentaires perspicaces en vue d'améliorer sans cesse la qualité de ce livre.

À *Eleanor Terndrup*, pour avoir dactylographié les textes et travaillé à la mise en pages des livres de Ken au cours des 15 dernières années. Chaque fois que Ken et Jim avaient besoin d'elle, elle était là. Quant à son assistant, *David Witt*, il fut un homme de ressources, toujours prêt à s'emparer d'une passe et courir avec le ballon.

À *Scott DeGarmo*, éditeur en chef du magazine *Success*, et *Lisa Berkowitz*, directrice de la publicité chez Harper Business, pour la promotion de ce livre grâce à l'organisation des événements publicitaires extraordinaires.

À *Dana Kyle*, *Harry Paul*, et *Pete Psichogios*, les membres de l'équipe stratégique de Ken, pour avoir planifié et orchestré le lancement de ce livre.

À *Peggy Stanton*, *Lou Sahadi* et aux responsables des pages sportives du *Miami Herald*, excellents journalistes qui avaient déjà écrit sur Don Shula et sa philosophie du football et de la vie, et qui nous ont fourni des renseignements précieux pour ce livre.

Enfin, à *Paul Hersey*, *Spencer Johnson*, *Robert Lorber* et *Norman Vincent Peale*, anciennement coauteurs avec Ken, et à *Gerald Nelson*, instigateur de la pénalité d'une minute, pour son influence positive sur Ken et son apport aux idées présentées dans ce livre.

Introduction

DON SHULA

Aussi loin que je puisse me souvenir, le football a toujours fait partie de ma vie. J'aime le football; j'aime la compétition et j'aime travailler avec une équipe. Alors que mes compagnons de classe entreprenaient des carrières dans le monde des affaires, seul le football m'intéressait. D'abord comme joueur, et ensuite comme entraîneur. Au cours des 40 dernières années, j'ai côtoyé des milliers de joueurs dont plusieurs sont aujourd'hui à la retraite, jouissant ainsi d'une vie beaucoup plus tranquille que la mienne. Pendant ces années, le football m'a fait vivre aussi intensément la déprime écrasante des défaites que l'extase des grandes victoires. Si je regarde en arrière, je ne changerais pas ce passé pour rien au monde.

Le football n'a pas vraiment changé au fil des ans. Bien sûr, nous retrouvons aujourd'hui des plans d'attaque et de défense plus sophistiqués, des équipes spéciales et de meilleurs équipements d'entraînement. Mais l'objectif reste essentiellement le même: regrouper une équipe capable d'amener le ballon à l'autre bout du terrain, d'inscrire des points au tableau et d'empêcher l'équipe adverse de marquer. Simple, n'est-ce pas? Pendant plus de 30 ans, ma vie a tourné autour de cet objectif. Je suis tout simplement un gars qui, tous les jours, a retroussé ses manches et travaillé fort pour obtenir le meilleur de son équipe. Chaque semaine est une réplique de la semaine précédente.

Seuls les visages et les chandails diffèrent, de même que le plan de match pour affronter le nouvel opposant.

Tout comme la plupart de ceux qui lisent ce livre, vous n'êtes pas entraîneur de football et ne le serez peut-être jamais. Mais que vous soyez professeur ou président de comité, directeur commercial ou de chorale, entraîneur des ligues mineures ou officier militaire, vous pouvez développer votre aptitude à obtenir une meilleure performance des gens. Et les principes mis en pratique avec succès comme entraîneur des Colts de Baltimore et des Dolphins de Miami durant plus de trois décennies peuvent vous aider.

Au cours des années, je me suis efforcé de venir en aide aux joueurs et aux entraîneurs. Je n'ai jamais pensé transmettre à d'autres les connaissances acquises durant ma carrière à la LNF (à l'exception peut-être de mon personnel d'entraîneurs qui nous aidaient à gagner le Super Bowl). Mais lors d'une rencontre, Ken et moi avons envisagé de concevoir ensemble un projet pour aider les directeurs, les professeurs ou les parents à motiver les autres, j'ai commencé à y trouver une certaine logique. Le football et les affaires sont deux mondes très différents, mais les défis rencontrés de nos jours par les gens d'affaires s'apparentent beaucoup à ceux auxquels je fus moi-même confronté. La compétition est féroce et les stratégies employées par les différents camps sont similaires. Il faut d'abord savoir trouver et utiliser les éléments qui feront la différence. Cela nécessite une attention constante. Ensuite, il y a les joueurs et les entraîneurs. Ils se présentent à vous avec leurs compétences et leurs talents, et votre travail est de les former, de les discipliner et de les encourager à accomplir plus que ce qu'ils se croyaient capables de faire.

Finalement, qu'il s'agisse du monde du sport ou des affaires, la victoire ou la défaite ne dépend pas uniquement de certaines astuces de jeux ou de nouveaux systèmes. Dans une compétition, les informations sont les mêmes pour tous. Alors,

14

qu'est-ce qui vous permet de gagner? Le secret se trouve dans la façon de motiver chacun à travailler ardemment pour former une équipe exceptionnelle. En un mot, tout est dans l'entraînement.

Comment devient-on un grand entraîneur? C'est une question qui m'a souvent été posée au fil des ans. Vous trouverez la réponse dans ce livre. Bien sûr, aucun livre ne vous permettra d'acquérir ce qui conduit au vrai succès, c'est-à-dire la passion et l'enthousiasme pour tout ce que vous faites. Comment peut-on nourrir ce feu sacré, cet ardent et perpétuel désir de gagner? Ça, je ne saurais le dire. Mais si une telle passion vous anime, les conseils de ce livre sont de précieux outils pour devenir le meilleur des entraîneurs.

Don Shula
Miami, printemps 1995

KEN BLANCHARD

Ma vie ne tourne pas autour du football, mais plutôt autour du leadership. Pendant les 30 dernières années, j'ai étudié les gens et ce qui favorise l'efficacité au sein de l'entreprise. J'ai agi comme formateur auprès d'administrateurs et de gestionnaires d'entreprises. Lorsque je travaillais à la rédaction du livre *Le Manager minute*, j'ai été étonné de voir la réaction des chefs d'entreprise face à l'approche simple et directe de ce personnage légendaire de l'histoire. À partir de ce moment, je me suis mis en quête de vérités fondamentales aptes à assister les leaders et les managers à exceller dans leurs fonctions. C'est ce qui explique cette fascination qu'exerçait sur moi Don Shula lorsque je l'ai rencontré en 1992 au camp d'entraînement des Dolphins. J'ai été impressionné par sa grande capacité de concentration. Lorsque je suis entré dans son bureau, il m'a salué en disant: «Cela me fait plaisir de vous rencontrer mais je n'ai qu'une dizaine de minutes à vous consacrer.» Je savais dès lors que j'étais en présence d'un autre «manager minute».

En fin de compte, notre discussion dura environ une heure, mais à cinq jours du recrutement collégial, Don Shula avait de toute évidence l'esprit ailleurs. Il réfléchissait sur le type de joueurs qu'il lui fallait pour être compétitif lors de la prochaine saison. Cet entretien avec monsieur Shula avait toutefois suscité mon désir d'en connaître davantage sur les Dolphins de Miami et sur lui. Je me demandais:

- Qu'est-ce qui anime cet homme?

- Qu'est-ce qui l'incite à demeurer entraîneur année après année quand de nombreux autres s'épuisent et démissionnent?

- Quel est le secret de ses plans de match personnalisés qui ont fait sa réussite pendant plus de trois décennies dans une Ligue Nationale de Football en constante évolution?

- Comment ces principes pourraient-ils être communiqués à d'autres afin d'aider leurs équipes et leurs entreprises à connaître le succès?

Cette dernière question m'intriguait au plus haut point car sur la scène américaine, les leaders apparaissent et disparaissent rapidement. Dans un monde en constante ébullition, où semaine après semaine chacun est jugé, rares sont-ils à parvenir à maintenir le succès de leur entreprise sur une longue période. Mais à sa manière, Don Shula y est parvenu. Et c'est ce qui m'a incité à chercher les réponses à mes questions. J'ai alors longuement discuté avec Don Shula, effectué des visites au camp d'entraînement des Dolphins de Miami, et j'ai interviewé des joueurs, des entraîneurs et des officiels qui connaissaient Don et avaient travaillé avec lui. En rassemblant mes notes, j'ai peu à peu trouvé comment mettre en pratique les principes d'entraînement de Don Shula dans un milieu de travail. J'en étais arrivé à la conclusion que toutes les entreprises font de plus en plus face à des défis semblables à ceux que Don Shula et les entraîneurs de football doivent relever.

16

Entre les années 1945 et 1980, il n'existait pas vraiment de concurrence dans le monde des affaires américain, tant au plan national qu'international. À cette époque, des gens ou des services pouvaient être moins productifs sans que l'organisation (que ce soit une école, l'armée ou le gouvernement) en soit menacée. Si vous étiez fidèle à l'entreprise, vous jouissiez d'une sécurité d'emploi.

Dès les années 80, les règles du jeu ont changé et, depuis les années 90, le monde des affaires s'apparente de plus en plus à celui du football, surtout quant à la fréquence de l'évaluation de la performance. J'ai entendu récemment un gestionnaire raconter à son auditoire qu'il avait travaillé pour sa société pendant 22 ans. Il précisa: «Je devrais plutôt dire que j'ai travaillé pendant 88 trimestres. Et au rythme où la situation évolue, je vous dirai bientôt que j'ai travaillé 22 fois 52 semaines. De nos jours, l'existence même des entreprises se trouve souvent menacée.» En conséquence, si votre société ne prend pas soin de ses clients et n'a pas un bon rendement, quelqu'un d'autre le fera à sa place. En raison de la concurrence, les gens sont appelés à être de plus en plus performants. Ainsi, un entraînement efficace devient-il impérieux. Chacun est un entraîneur dans un champ d'activité particulier. Quelle que soit votre fonction, quelqu'un peut tôt ou tard bénéficier de votre aide.

Ce livre s'adresse à ceux dont la tâche est d'encourager les autres à donner le meilleur d'eux-mêmes. Peu importe votre potentiel d'entraîneur, vous pouvez améliorer vos capacités. Vous reconnaîtrez dans cet ouvrage les apports respectifs de Don et de moi-même. Tout d'abord, Don partagera avec vous ses secrets d'entraîneur émérite. Ensuite, je tenterai de metttre en pratique ces mêmes principes dans votre domaine d'activité. Alors prenez votre sifflet, votre bloc-notes et participez au match.

Ken Blanchard
San Diego, printemps 1995

«En 1970, lorsque j'ai pris en main l'équipe des Dolphins, la presse voulait savoir quel était mon plan pour les 3 ou 5 années à venir. Je leur ai répondu que mon plan serait toujours établi au jour le jour.»

■ Don Shula

DON SHULA

Je n'avais jamais envisagé battre le record de 324 victoires établi par George Halas car cela ne faisait pas partie de mes préoccupations. Bien sûr, j'étais très fier de le surpasser en 1993, mais en vérité, je ne me suis jamais soucié du nombre de victoires. Le travail acharné procure déjà une satisfaction: c'est intéressant de savoir que l'on a donné le meilleur de soi-même chaque jour, chaque semaine, chaque année. Depuis mes débuts, j'ai toujours adopté cette philosophie. Lorsque j'ai commencé à entraîner les Dolphins de Miami, en 1970, j'ai établi un plan très spécifique au jour le jour. Je voulais m'assurer que chaque réunion nous rendait un peu plus intelligent et que chaque séance d'entraînement agmentait notre niveau de préparation physique et mentale. Je voulais tirer le maximum des réunions, des séances d'entraînement et des matchs d'avant-saison afin d'être prêts pour la saison.

Chaque année, mes objectifs sont les mêmes: je veux d'abord que mon équipe se qualifie pour les finales et se rende au Super Bowl puis je tiens à remporter le Super Bowl, symbole du championnat mondial. S'il n'en tenait qu'à moi, nous gagnerions chaque match. Cependant, ce but était loin d'être le même pour tout le monde lorsque j'ai pris la direction des Dolphins en 1970. L'année précédente, leur fiche était de 3-8-1. Notre première avant-saison fut écourtée à cause d'une grève. Lorsque l'équipe put enfin reprendre l'entraînement, je lui présentai un plan qui nous permettait de tirer avantage de chaque minute de préparation au jeu. Il s'agissait de quatre séances d'entraînement quotidien réparties selon l'horaire suivant:

7:00 SÉANCE n° 1: Travail sur les équipes spéciales et les jeux de botté

7:45 Petit-déjeuner

9:30 Réunion pour analyser la séance d'entraînement du matin

10:00 SÉANCE n° 2: Travail sur les jeux au sol, attaque et défense

11:30 Déjeuner

15:00 Réunion pour analyser la deuxième séance d'entraînement

15:30 SÉANCE n° 3: Travail sur les jeux de passe, attaque et défense

18:00 Dîner

19:30 SÉANCE n° 4: Travail jusqu'au crépuscule pour corriger les erreurs

21:30 Réunion

22:30 Fin de la journée

Mes joueurs n'en croyaient pas leurs oreilles. Cela a suscité chez eux beaucoup de plaintes et de critiques. «Quatre séances d'entraînement par jour!» «On n'a jamais vu ça.» «Qu'est-ce qu'il veut? Nous faire mourir?» Mais cela provoqua aussi quelques rires: «Nous allons passer notre temps à nous habiller et à nous déshabiller. Sommes-nous des joueurs ou des mannequins?»

Lorsque nous avons gagné notre premier match d'avant-saison, les plaintes commencèrent à diminuer. Après plusieurs de nos victoires pendant cette avant-saison, la presse demanda aux joueurs d'expliquer ce revirement de situation. Tous l'attribuèrent alors à nos efforts acharnés en vue de nous préparer à la compétition. Les joueurs se mirent à accorder le mérite de cette amélioration à ce qu'ils avaient tant critiqué auparavant. Au fait, nous avons gagné 10 matchs lors de cette saison et nous avons participé au Super Bowl la saison suivante.

Ce qui nous a permis de former des équipes de football gagnantes au fil des ans fut cette volonté de créer des systèmes d'entraînement et une façon de procéder correspondant à notre vision de la perfection: *Gagner tous les matchs*. Mon rôle se résume à préparer chacun à être le plus performant possible et ce, un jour à la fois.

Ken Blanchard

Les grandes sociétés d'aujourd'hui ont un objectif commun: la constante amélioration. Elles sont convaincues d'être meilleures demain qu'hier, meilleures la semaine prochaine que la semaine dernière, et meilleures encore l'année prochaine que cette année. Mais, pour y arriver, elles doivent combattre l'inertie et la résistance des gens. Personne n'aime être poussé, mais c'est nécessaire. C'est ce que m'a appris Don Shula en faisant irruption dans ma vie juste au bon moment, tout comme feu Norman Vincent Peale. J'ai rencontré Norman à une époque où je remettais en question ma spiritualité. Pendant deux années, j'ai travaillé avec cet homme à la rédaction du livre *Éthique et management*. Il a eu une influence déterminante sur moi et sur ce que je suis devenu aujourd'hui. Durant cette période, je m'interrogeais également sur mon comportement en tant que leader organisationnel. Au cours de ses 15 premières années d'opération, notre société Blanchard Training and Development, Inc.(BTD), était passée d'entreprise familiale (composée de mon épouse Margie, moi-même et quelques associés) à une firme internationale produisant et distribuant du matériel pédagogique destiné à favoriser le développement des entreprises. La croissance de notre société s'était effectuée de façon assez rapide mais tout de même pondérée. Et je jouais alors le rôle d'un gros ourson qui pouvait rendre tout le monde heureux. Mais soudainement, comme pour bon nombre d'entreprises, nous fûmes confrontés à un marché changeant. Il nous fallait quitter la zone de confort dans laquelle nous étions habitués de travailler. Que faire alors? Rencontrer Don Shula.

Lorsque j'ai commencé à travailler avec Don Shula, mon intérêt premier était de recueillir des anecdotes, d'exposer à grands traits des lignes générales, de rédiger et de corriger mes textes. Mais peu à peu, j'ai découvert à quel point l'énergie de Don Shula commençait à m'imprégner. Sa façon de se concentrer sur les détails, de s'engager à bien faire les choses et de vouloir à tout prix créer la meilleure équipe, tout cela m'impressionnait grandement. Grâce à Don, je me suis rendu compte que pour être compétitifs et aspirer à devenir les meilleurs, il faut sans cesse se pousser soi-même et stimuler les autres. Lors d'une réunion d'entreprise à laquelle j'assistais récemment, j'ai suscité l'étonnement des gens, mais aussi leurs applaudissements, lorsque j'ai dit cette vérité de La Palice : « Si vous n'avancez pas, vous reculez ! » En me pointant du doigt, j'ai ajouté : « Nous devons constamment faire des efforts pour devenir meilleurs. » Je me suis engagé à faire en sorte que le service à la clientèle de la nouvelle BTD nous mène au Super Bowl du développement des ressources humaines. J'ai avisé les gens que cela ne se ferait pas du jour au lendemain. Il faudrait s'y mettre tous les jours, toutes les semaines et tout au long de l'année. Vous avez déjà entendu cela, n'est-ce pas?

Mon message n'a cependant pas épaté tout le monde. Avez-vous déjà vécu une expérience semblable en imposant des limites à vos enfants ou en les incitant à agir comme il faut? Lorsque vous demandez à des enfants de travailler fort ou de faire des choses qu'ils n'ont pas envie de faire, ils n'aiment pas ça. Toutefois, la majorité des enfants finissent un jour par comprendre que votre attitude à leur égard a apporté quelque chose d'important et de valorisant dans leur vie. L'autre jour, ma mère et moi avons ri en évoquant des souvenirs de mon enfance, à cette époque où elle insistait pour que ma sœur et moi vivions selon ses valeurs et ses normes. (Ma mère a 91 ans et elle est toujours fringante). Lorsque ma sœur et moi n'obtenions pas la permission d'aller quelque part, il nous arrivait de nous plaindre: «Pourquoi nous interdis-tu de faire des choses, alors que nos amis en ont la permission?» Et elle répliquait: «Eux, ils ne s'appellent pas Blanchard!»

> *«On se doit de respecter les trente années d'excellence de l'entraîneur Don Shula. Cela n'a rien d'accidentel. Vous faites complètement erreur si c'est ce que vous croyez.»*
>
> ■ Joe Greene,
> Entraîneur de ligne défensive, Dophins de Miami; joueur au Temple de la renommée, Steelers de Pittsburgh

Les Dolphins se sont très vite rendu compte que leur entraîneur s'appelle Don Shula et qu'il accorde de l'importance à un point crucial: si on tolère la nonchalance pendant l'entraînement, elle peut devenir une habitude qui empêchera l'équipe d'être meilleure aux moments les plus cruciaux. Pouvez-vous imaginer les joueurs des Dolphins en train de dire: «Pourquoi devons-nous nous entraîner si intensément? La dernière équipe du classement ne s'entraîne jamais autant!» Comme le dit Don Shula, la meilleure façon de continuer à s'améliorer, c'est de s'entraîner de façon rigoureuse et soutenue.

Un C.O.A.C.H. gagnant

Maintenant que vous commencez à connaître les secrets de la réussite de Don Shula, nous aimerions vous aider à les mettre en pratique quotidiennement. Les points majeurs de cet ouvrage forment un simple acronyme: C.O.A.C.H.. Chaque lettre représente un des cinq secrets de l'entraîneur efficace, combinant ce que Don Shula a pratiqué et Ken Blanchard enseigné pendant plus de 30 ans.

Conviction

Les leaders efficaces savent prendre position.

Optimisation

Les leaders efficaces encouragent leurs équipes à s'entraîner jusqu'à la perfection.

Adaptabilité

Les leaders efficaces ainsi que les gens et les équipes qu'ils entraînent sont toujours attentifs et prêts à modifier leur plan de match lorsque la situation le demande.

Cohérence

Les leaders efficaces ont une attitude conséquente face à la performance.

Honnêteté

Les leaders efficaces sont intègres et peuvent intervenir clairement et directement auprès des autres.

SECRET n° 1

Conviction

«Agir avec conviction signifie faire les bonnes choses pour les bonnes raisons. Les convictions et les croyances sont les balises qui permettent d'orienter les gens dans leurs performances. Dans son travail d'entraîneur, la conviction de Don Shula est basée sur sa vision de la perfection, sa conscience de l'échec et de la réussite et sa certitude qu'il faut donner l'exemple. Don Shula est également convaincu qu'il faut accorder plus de valeur au respect qu'à la popularité et valoriser les traits de personnalité tout autant que les capacités.

Toute personne qui se joint aux Dolphins sait où elle va et connaît les valeurs inhérentes à l'équipe.»

■ Ken Blanchard

« *De nos jours, le problème de la majorité des entraîneurs, c'est qu'ils n'ont pas de convictions. Le leadership nécessite un mouvement vers un but précis et c'est la conviction qui donne la direction. Si vous ne défendez pas une cause, vous les perdrez toutes.* »

■ Don Shula

DON SHULA

On dit qu'une rivière sans digues n'est ni plus ni moins qu'une simple mare d'eau. Si j'applique ce dicton aux relations humaines, cela me fait penser au travail d'un entraîneur. Tout comme des digues, un bon entraîneur oriente et concentre l'énergie des joueurs, il les aide à canaliser leurs efforts vers le résultat convoité. Sans cette influence cruciale favorisant l'effort conjoint vers un but commun, les meilleurs accomplissements individuels deviennent vains. Pour qu'un groupe d'individus deviennent des champions, le dynamisme et la détermination doivent converger. Au cours de mes nombreuses années de travail avec les Dolphins de Miami, une vision de perfection me motivait dans mon rôle d'entraîneur : celle de gagner tous les matchs. Toutes les stratégies que j'adoptais étaient orientées vers cet unique objectif. Une cible trop facile à atteindre mène à la médiocrité. Promouvoir la notion de convergence auprès de l'équipe et concentrer les efforts individuels à l'intérieur de limites étroitement définies faisaient partie de mes responsabilités d'entraîneur.

Je crois que si vous ne recherchez pas la perfection, vous ne pourrez jamais atteindre l'excellence. C'est peut-être d'avoir envisagé une saison de la LNF sans défaite qui a fait de cette prouesse une réalité. En 1972, les Dolphins de Miami remportèrent tous les matchs, y compris celui du Super Bowl. J'étais au comble de l'excitation ! Serait-il possible de faire mieux que cela ? Comment pourrait-on dépasser la perfection ? Je crois que c'est impossible, mais par cette performance extraordinaire, un record a été établi que personne ne pourra oublier et qui motivera à jamais mes équipes.

Quelqu'un qui regarderait une équipe de football dont le jeu est constamment brillant pourrait croire que sa réussite est simplement attribuable à une connaissance plus approfondie du jeu, ou à plus de créativité, à de meilleurs joueurs, ou encore à un meilleur plan de match. Sans vouloir minimiser l'importance de ces facteurs, je dirais qu'en bout de ligne, l'entraînement qui mène à la victoire dépend principalement des croyances de l'entraîneur. Si vous voulez être un bon entraîneur, il se peut que vous deviez mettre de côté tout l'aspect technique du jeu pour vous pencher d'abord sur ce que le jeu représente fondamentalement pour vous.

Quelles sont vos croyances? Ce facteur est tellement primordial que j'irais même jusqu'à dire que votre succès à long terme dépend de votre réponse. Pourquoi examiner votre système de valeurs serait-il si déterminant? Car ce sont les croyances qui créent les événements. Les croyances deviennent réalités. Des croyances médiocres mènent à de piètres preformances. C'est pourquoi les croyances d'un entraîneur ou d'un leader sont des plus importantes; elles deviennent des prédictions.

La réalisation d'un rêve comme celui d'une saison sans défaite pour les Dolphins de Miami est certes le résultat d'un puissant ensemble de croyances et de principes intégrés à la formation et à l'entraînement quotidiens d'une équipe. Ma vision de perfection émerge de ces croyances, de ces valeurs et de ces convictions fondamentales qui m'accompagnent toujours. Celles-ci déterminent ma philosophie d'entraîneur. Elles établissent le contexte et les limites à l'intérieur desquels nos joueurs et nos entraîneurs évoluent. Elles m'aident également à être intègre et à rester dans la bonne direction. En bref, mes croyances d'entraîneur se résument à ceci:

- Toujours ramener la victoire et l'échec à leur juste valeur

- Diriger en donnant l'exemple

- Rechercher le respect avant la popularité
- Valoriser la personnalité de quelqu'un autant que ses aptitudes
- Travailler avec acharnement tout en y prenant du plaisir

Ces croyances sont au cœur de mon travail tant avec mes entraîneurs qu'avec mes joueurs. Réussir à les appliquer constitue l'élément clé pour devenir un entraîneur gagnant. Vous ne pourrez réussir en tant qu'entraîneur si vous n'avez pas une idée précise de vos convictions, de la direction que vous allez prendre et de ce que vous êtes prêt à donner.

KEN BLANCHARD

La Bible dit: «Faute de vision, le peuple vit sans frein». (Proverbes 29,18) Les leaders contemporains doivent avoir une vision de l'avenir de leur entreprise et un ensemble de croyances positives pour la soutenir. Sinon, les gens qu'ils entraîneront feront plus que perdre, ils seront perdus. Ils ne pourront être à la hauteur des défis s'ils n'ont pas ces éléments fondamentaux qui redonnent du courage dans les moments difficiles.

J'ai récemment demandé à Max DePree, ex-directeur administratif de Herman Miller et auteur de *Diriger est un art*, ce qu'il pensait de l'importance d'être visionnaire pour un leader. Il me répondit: «Vous devez agir comme un instituteur d'école primaire. Vous devez réitérer votre idéal encore et encore jusqu'à ce que les gens l'aient vraiment bien saisi.» L'entraîneur Don Shula pense également que son travail consiste à transmettre continuellement sa vision de perfection à son équipe pour que le plan de match soit toujours bien clair. Mais pour Don Shula, gagner ne veut pas dire que tous les coups sont permis. Ce sont ses valeurs et ses convictions qui déterminent les limites dans lesquelles évoluer.

Une vision précise et des valeurs adéquates donnent une image de ce que pourrait être la réalité si tout se déroulait comme prévu. Les athlètes de niveau international utilisent souvent des techniques de visualisation pour se préparer à la compétition. Ils se voient en train de battre un record, de jouer un match parfait ou d'effectuer un botté de dégagement de 92 mètres. Ils savent que se faire une image mentale d'une performance parfaite est un outil puissant.

Développer une vision précise de la perfection, c'est un peu comme réaliser un film dans sa tête. J'ai eu la chance de travailler récemment avec les cadres supérieurs et les concessionnaires de Freightliner, magnat de l'industrie des poids lourds. Son président, Jim Hibe, instaura des séances de formation visant à développer la notion de vision chez ses concessionnaires. Pour leur conférence annuelle, ils ont réalisé une vidéo de 30 minutes illustrant deux situations hypothétiques. La première montre comment fonctionnent plusieurs concessionnaires: horaire restreint (de 8 h à 17 h, du lundi au vendredi et de 9 h à 12 h, le samedi); employés peu dévoués; très peu d'extra pour la clientèle (comme des beignets et du café pour les camionneurs qui attendent leurs véhicules), etc.. En entrant chez ces concessionnaires, tout semble organisé pour le bien-être des employés, et non des clients. Par exemple, le directeur entre vers 11 h 45 un samedi matin et aperçoit une longue file d'attente au service des pièces. Il dit alors au personnel: «Assurez-vous qu'on ferme à midi; cela nous fera une bonne clientèle pour lundi. »

Dans la deuxième situation hypothétique, on voit un service à la clientèle axé sur le client et fonctionnant 24 heures sur 24, 7 jours sur 7. De plus, les employés bien formés et dévoués, n'hésitent pas à faire des efforts supplémentaires. Divers services sont également offerts aux camionneurs. Ils ont à leur disposition un salon où ils peuvent s'asseoir dans des fauteuils confortables et visionner des films récents. Dans une autre pièce silencieuse et sombre, les camionneurs fatigués peuvent se reposer sur des lits et même dormir. Pour finir, les employés stationnent eux-mêmes les camions réparés à l'avant de l'établissement plutôt que d'envoyer les camionneurs les chercher dans la cour arrière.

Comme la plupart des concessionnaires présents à la conférence s'apparentent plus à la première situation qu'à la deuxième, plusieurs se sont sentis embarrassés lors de la présentation de la vidéo. Cela leur donna toutefois une image concrète d'une nouvelle façon de servir les clients. Immédiatement après la vidéo, j'ai enchaîné avec une conférence intitulée « Des fans inconditionnels » pour expliquer que les clients satisfaits ne tariraient plus d'éloges à leur sujet. Par la suite, les concessionnaires s'étant reconnus dans la deuxième situation hypothétique ont partagé avec les autres l'histoire de leur réussite. Ce programme fut une excellente façon de communiquer une nouvelle vision de perfection.

Les gens sont plus enclins à participer à un projet lorsqu'ils ont une vision claire de l'objectif à atteindre. Les grandes sociétés ont toutes à leur tête un leader visionnaire qui leur rappelle régulièrement ce qu'ils sont appelés à devenir. Cette vision peut difficilement émerger de la base de l'organisation; c'est au sommet qu'elle prend naissance et c'est à partir de là qu'elle peut être transmise. Cette vision d'avenir de l'entreprise devient alors source d'inspiration pour les gens et les incite, consciemment ou inconsciemment, à évoluer dans ce sens.

Nous sommes en semaine et il est tôt, la plupart des gens vivant à Miami n'ont pas encore déjeuné. Le sanctuaire est froid, sombre et silencieux. Les premiers rayons du soleil traversent le vitrail, peignant sur le plancher une fresque multicolore. Seuls le bruissement des vêtements et une toux étouffée rompent le silence entourant cette poignée de paroissiens alignés pour recevoir la communion. Au moment où le dernier communiant retourne à son banc, le prêtre jette un coup d'œil dans la dernière rangée de la salle où une personne solitaire se recueille. Il sourit en pensant, *Les Dolphins* doivent être de retour.

Mon amie, la consultante Barbara Glanz, donnait une séance sur le service à la clientèle pour une grande société d'alimentation au détail du Midwest. Parmi les personnes auxquelles elle s'adressait se trouvaient des caissiers, des caissières, des emballeurs, des préposés à l'inventaire, des bouchers, des pâtissiers, et plusieurs autres dont la tâche consiste à servir les clients. Elle leur dit: «Chacun de vous devrait apposer sa signature sur son travail. Que pourriez-vous faire d'unique pour démontrer à vos clients qu'ils sont importants? Après la conférence, Barbara laissa son numéro de téléphone au cas où une personne de l'auditoire aurait des questions ou voudrait simplement lui faire part d'une réussite suite à la mise en pratique de ses recommandations.

Trois semaines après cette rencontre, Barbara reçut un appel de Johnny, un emballeur de 19 ans. Ce jeune souffrait du syndrome de Down: «Le lendemain de votre conférence, j'ai parlé avec mes parents de ce que je pourrais faire de spécial pour mes clients. Comme j'ai recueilli de nombreuses maximes au cours des ans, j'ai décidé d'en donner aux clients que je sers au magasin.» Il lui expliqua qu'il avait dactylographié sa liste de maximes sur l'ordinateur; qu'il en avait fait 150 copies puis qu'il avait découpé et plié chacune. Le lendemain, il choisit une des pensées et sitôt fini l'emballage de la commande d'un client, il lui disait: «Je mets une pensée du jour dans votre sac; j'espère qu'elle illuminera votre journée.»

Le jour où Johnny a téléphoné à Barbara, le gérant du magasin venait de faire sa tournée. En arrivant à l'avant du magasin, il avait vu que tous les clients se trouvaient à la caisse de Johnny: «Le gérant a tenté de persuader certains clients d'aller à d'autres caisses, mais personne n'a accepté: ils voulaient tous avoir ma pensée du jour.» Barbara assura le suivi de cette histoire en téléphonant au gérant du magasin. Celui-ci lui déclara: «Un de mes clients m'a dit qu'il avait l'habitude de venir au magasin une fois par semaine, mais que maintenant, il y venait tous les jours. Depuis le succès remporté par ce jeune, tous les membres de mon personnel essaient de faire quelque chose de spécial pour leurs clients! Par exemple, notre boucher est un fan de Snoopy et maintenant, lorsque les gens viennent chercher leurs commandes, les paquets sont scellés avec des autocollants de Snoopy. Lorsque nous avons des fleurs abîmées, les gens du rayon des fleurs en coupent les tiges et en font de petits bouquets pour les corsages ou les boutonnières de nos clients. Toutes les personnes qui travaillent ici ont adopté l'état d'esprit de Johnny!»

Voilà toute la différence que peut faire une personne qui transforme une vision en réalité! Suite à la conférence de Barbara Glanz, Johnny a pris une initiative qui a contribué à changer complètement le service à la clientèle. Les gens ont besoin de voir comment leur participation peut contribuer au succès global de l'organisation. Une vision fait ressortir les buts de l'entreprise et permet à chaque membre de voir clairement l'importance de sa contribution personnelle.

Nous sommes en semaine et il est tôt, la plupart des gens vivant à Miami n'ont pas encore déjeuné. Le sanctuaire est froid, sombre et silencieux. Les premiers rayons du soleil traversent le vitrail, peignant sur le plancher une fresque multicolore. Seuls le bruissement des vêtements et une toux étouffée rompent le silence entourant cette poignée de paroissiens alignés pour recevoir la communion. Au moment où le dernier communiant retourne à son banc, le prêtre jette un coup d'œil dans la dernière rangée de la salle où une personne solitaire se recueille. Il sourit en pensant, Les Dolphins doivent être de retour.

DON SHULA

Mes parents avaient beaucoup de volonté et un sens moral aigu. Ma mère a été élevée dans la religion catholique et mon père s'y est converti lorsqu'il l'a épousée. Tout ce qui concerne ma relation avec Dieu remonte à cette époque où l'on m'a enseigné le respect de Dieu et la notion du travail bien fait. Par exemple, nous ne manquions jamais la messe. À partir de ma deuxième année de scolarité, j'ai fréquenté des établissements catholiques et même aujourd'hui, j'essaie d'aller à la messe tous les jours. Lorsque je suis à la maison, tous les matins, je vais à la messe de 6 h 30 célébrée par le père Geiser à l'université Saint-Thomas. Je connais le père Geiser depuis mon arrivée en 1970. Assister à la messe et m'en remettre à Dieu pour me guider est plus qu'une simple habitude. C'est primordial pour moi quand je me retrouve dans mon monde où le sifflet retentit et les joueurs s'affrontent. Et lorsque le jour du match arrive, c'est ce qui me permet de garder mon idéal toujours présent à l'esprit. Pour moi, il est capital de commencer ma journée en rendant grâce à Dieu et en Lui demandant son aide.

Toutefois ne vous méprenez pas; je ne suis pas prêtre et je ne prétends pas que votre foi doit être identique à la mienne. Mais croire en quelque chose de plus grand que soi est important. Mes proches vous diront que je ne suis pas très agréable quand je viens de perdre un match. Cependant, je serais bien plus déplaisant si je ne m'étais pas rendu compte qu'il existe quelque chose de beaucoup plus grand que le football. Le fait de s'agenouiller, de demander de l'aide et d'être à l'écoute des réponses, voilà des gestes très louables. Même si mes croyances

Parmi les neuf hommes dont elle a brossé le portrait dans son livre *The Daniel Dilemma: The Moral Man in the Public Arena*, la journaliste Peggy Stanton a choisi Don Shula comme exemple d'homme moral. La raison de son choix se trouve bien résumée dans les propos de David, le fils de Don Shula, aujourd'hui entraîneur des Bengals de Cincinnati, qui était à la fin de ses études secondaires lorsqu'elle l'a interviewé. «Vous savez, quand nous perdions le Super Bowl ou qu'un joueur de grande valeur quittait l'équipe, mon père s'en trouvait toujours très affecté et, par conséquent, notre famille aussi. Je pouvais alors voir sa piété car il ne perdait pas la foi et n'abandonnait jamais. Et cela parce qu'il était certain que quelqu'un veillait sur lui.» Bill Arnsparger, ancien adjoint de Don Shula, récemment retraité de l'organisation de San Diego et considéré comme l'un des plus grands entraîneurs défensifs de la LNF, dit que le succès de Don Shula est attribuable au fait «qu'il sait distinguer ce qui est important de ce qui ne l'est pas. La réputation de Don vient des décisions qu'il a prises. Et ces décisions étaient basées sur sa religion. C'est grâce à sa foi qu'il est devenu l'être extraordinaire que l'on connaît.»

Durant la saison 1994-95, il y avait toujours foule à la messe qui précédait un match des Dolphins. On en vint même à une sorte de rituel à la fin de chaque match qu'il soit gagné ou perdu. Ceux qui assistaient à ces services invitaient les joueurs adverses de même obédience à former un cercle au centre du terrain et à prier avec eux.

religieuses sont personnelles et intimes, je vous dirai ceci: si votre modèle d'autorité suprême est votre patron, votre entreprise ou pire encore, vous-même, vous *ne pourrez être* un entraîneur efficace.

KEN BLANCHARD

Norman Vincent Peale a toujours cru que la foi comme la patience engendrent la pensée positive. Quand les choses ne tournent pas rond, la patience c'est cette conviction stimulante que tout finira par rentrer dans l'ordre. C'est ce qui vous empêche de démissionner, de vous mettre à tricher ou de prendre des risques non calculés pour obtenir au plus vite les résultats désirés. Même si Don Shula ne se considère pas comme un homme patient, sa foi lui procure une vision globale des choses qui lui évite de se laisser abattre par l'adversité ou de laisser son ego prendre le dessus. Il peut ramener la victoire ou la défaite à leur juste valeur.

Elizabeth Kubler-Ross, auteure de *Vivre avec la mort et les mourants* et cofondatrice du «hospice movement» a dit récemment au cours d'une entrevue: «L'idéal le plus élevé que nous puissions atteindre, c'est notre état originel en tant qu'enfant de Dieu avec tout l'amour, toute la compassion et toute la créativité que nous possédions au moment de notre création, bien avant de penser: «Je peux faire cela sans l'aide de Dieu». Cela me rappelle certains dirigeants d'entreprise qui croient qu'en affaires la réussite est tout à fait incompatible avec le fait que Dieu puisse être au centre de leur vie. Cette opinion peut nuire au développement des leaders qui essaient de se «réinventer».

En utilisant les moyens traditionnels, les leaders d'aujourd'hui sont de moins en moins capables de trouver seuls leur chemin dans le labyrinthe des difficultés qu'ils rencontrent. Faire des affaires, c'est jouer un jeu dans lequel les adversaires se multiplient, les risques augmentent et les facteurs déterminant la réussite ou l'échec sont de plus en plus nombreux. Pour jouer le jeu (et surtout le gagner), les leaders doivent apprendre à se fier à leur intuition, cette voix intérieure qui exprime fortement ce qui est vrai, même si les apparences sont contraires. De plus, les leaders doivent accorder une attention particulière aux détails et être toujours à l'affût des bonnes occasions. Cet équilibre paradoxal entre la confiance en vous lors de prises de décisions importantes et la capacité de discerner les signes extérieurs annonçant le moment de passer à l'action se rapproche, en fait, de ce qui est traditionnellement appelée «la foi». Voilà où commence votre partenariat avec Dieu.

Que les gens d'affaires soient si réticents à rechercher un guide intérieur ou spirituel pour les aider à régler leurs problèmes reste pour moi un mystère. (Ce sujet est traité dans un petit livre publié Noël dernier et intitulé *We Are the Beloved*). D'une certaine façon, la religion n'a pas su faire de rapprochement entre Dieu et les solutions aux problèmes actuels de la vie quotidienne. Si la foi en Dieu ne peut aider les gens à régler les problèmes rencontrés au sein de leurs entreprises et n'être d'aucun soutien dans les situations délicates comme les mises à pied massives ou la réduction des coûts, à quoi peut-elle bien servir ? Je crois que la foi véritable peut avoir des applications très concrètes et qu'elle représente une ressource intérieure prête à aider les leaders d'aujourd'hui qui essaieront de la mettre en pratique.

Une bonne religion, c'est comme du bon football : ce n'est pas des discours, c'est de l'action. Les gens ne sont pas intéressés à connaître votre obédience religieuse ou vos théories. Ils recherchent des leaders qui, par leurs actes, sauront démontrer les applications concrètes et quotidiennes de leur foi.

« Le succès n'est pas éternel et l'échec n'est pas fatal. »

■ Dicton favori de Don Shula

DON SHULA

Je ne me souviens plus à quelle occasion j'ai entendu le dicton de la page précédente, mais je sais qu'il m'a longtemps guidé dans ma façon de penser. Il me rappelle de toujours garder une vue d'ensemble des choses, et d'avoir une perspective à long terme. Je ne veux pas que les hauts et les bas de tous les jours influent sur mon jeu au football. Vous ne pouvez laisser les victoires vous rendre trop sûr de vous-même et les défaites vous démolir. Cela vous éloigne de votre but réel: préparer le prochain match. Après un match, nous nous réunissions le lundi matin, les entraîneurs, l'équipe et moi, pour regarder l'enregistrement de la rencontre et apprendre le plus possible de l'analyse du jeu. Ensuite, que nous ayons gagné ou perdu, nous ne reparlions plus de ce match du reste de la semaine. Je voulais que tout le monde concentre son énergie sur le match. Même lors de notre saison de 17-0, je n'ai jamais laissé l'équipe se vanter de ses succès.

En tant qu'entraîneur, votre attitude face aux victoires et aux défaites est déterminante. Si vous gagnez, vous ne pouvez vous

> «*Au cours des dernières années, deux joueurs ont aidé Don à toujours ramener la victoire et la défaite à leur juste valeur. Lorsque nous nous retrouvions dans l'avion après une défaite et que toute l'équipe avait le moral à zéro, Keith Jackson et Irving Fryar, deux joueurs très croyants, faisaient le tour de l'équipe pour leur remonter le moral et les encourager à se préparer en vue du match suivant. Ils ne se laissaient pas envahir non plus par l'enthousiasme après une victoire. Si les joueurs débordaient d'assurance, ces gars apaisaient leurs esprits pour les préparer mentalement aux matchs à venir.*»
>
> ■ Mary Anne Shula

permettre d'afficher une attitude arrogante et présomptueuse. Et si vous perdez, vous ne pouvez pas plus vous permettre les blâmes et les commentaires négatifs. Les entraîneurs qui finissent par s'épuiser au travail, même ceux qui réussissent, se laissent trop abattre par les situations négatives. En mettant fin à sa courte carrière d'entraîneur pour les Lakers de L. A., Magic Jackson a avoué qu'il ne pouvait supporter la défaite. Mon fils David, le plus jeune entraîneur de la L.N.F, a connu trois mauvaises saisons à Cincinnati. Même s'il se sentait démoralisé et découragé, je lui ai dit qu'il ne fallait pas que ses entraîneurs et ses joueurs s'en aperçoivent. Ces derniers s'en remettaient à lui pour le leadership et il se devait de demeurer positif. Je suis fier de la façon dont David a su le faire (même lorsque nous avons battu les Bengals l'automne dernier). J'étais également heureux de ne pas avoir à rappeler à mon jeune fils Mike, entraîneur des ailiers rapprochés, de ne pas trop se complaire dans la victoire après nous avoir battus l'automne dernier.

KEN BLANCHARD

Lorsque *Le Manager minute* a été publié en 1982, ce fut le début d'une spirale de succès, le livre s'est retrouvé sur la liste des best-sellers du *New York Times* pendant trois ans et s'est vendu à plusieurs millions d'exemplaires. Pour la première fois de ma vie, je participais à une grande réussite. Le coauteur du livre, Spencer Johnson et moi-même sommes devenus des célébrités dans le monde des affaires. Deux possibilités s'offraient alors à nous: premièrement, nous pouvions en revendiquer tout le mérite et présumer que nous étions des écrivains meilleurs et des penseurs plus inspirés que les autres et que le succès du livre récompensait notre talent. La deuxième possibilité était de se poser les questions suivantes: Pourquoi cela nous arrivait-il, et que pourrions-nous en tirer comme leçon? C'est en choisissant la deuxième option que j'ai pu observer l'impact du succès et de l'échec sur les gens.

La plupart vous diront que la réussite n'est pas un problème. Ils ne se rendent pas compte que, pour certains, le succès peut être tout aussi désastreux que l'échec. Nombreuses sont les histoires où des figures du monde sportif, des artistes ou des gens d'affaires ont rapidement atteint le sommet et se sont ensuite écroulés.

J'ai eu moi aussi mon lot de difficultés et d'échecs. Après avoir obtenu mon doctorat, toutes mes demandes d'emploi ont été rejetées. Ajoutez à cela que j'étais marié, que nous avions un bébé et que mon épouse était de nouveau enceinte. Alors que mes collègues avaient déjà amorcé leurs carrières, je n'arrivais même pas à me trouver un emploi. J'ai appris alors qu'on peut également avoir deux réactions face à l'échec: se culpabiliser ou utiliser cet échec comme source de réflexion et d'apprentissage. Si je n'avais pas choisi la seconde, je ne serais pas devenu le professeur et l'auteur que je suis maintenant, après avoir consacré toutes mes énergies à être un étudiant émérite.

Cela semble banal à dire, mais l'un des signes du vrai succès dans la vie, c'est de croire qu'il y a une raison pour tout. On ne peut contrôler tous les événements, mais on peut certainement contrôler notre réaction face à eux. La vie est imprévisible. De bonnes et de mauvaises choses arriveront sans que nous les ayons planifiées. Ce qui fait de quelqu'un un gagnant, c'est un système de croyances qui lui permet de rendre un bon événement encore meilleur et de transformer un mauvais événement en possibilité

> «Le coach Don Shula s'arrêtait toujours à ma table pour me remercier d'être venu. Une seule fois, j'ai dû quitter ma place pour aller lui parler à l'extérieur de la salle à manger. J'avais remarqué qu'il faisait les cent pas. Les Dolphins venaient de perdre deux matchs d'affilée et je sentais que cela le troublait. Je lui dis: «Coach, il n'y a rien qu'une bonne victoire ne puisse arranger.» Il me répondit:«Oh non, Tommy, ce n'est pas ce qui me tracasse. La conjointe de mon fils David est en ce moment à l'hôpital sur le point d'accoucher.» Tout le monde dit que Don Shula a l'esprit fixé sur une seule chose: gagner des matchs de football. Mais là, j'ai vu son côté humain.»
>
> ■ Tommy Watson
> Pasteur à domicile des Dolphins,1972-1986

d'apprentissage. Ne croyez-vous pas que cela puisse s'appliquer au monde des affaires? Des centaines de milliers d'entreprises voient le jour chaque année. Au bout de six mois, la moitié d'entre elles n'existent plus. Au bout de trois ans, seulement 20 % d'entre elles sont encore en opération. Si tous les propriétaires de ces entreprises qui ont échoué s'identifiaient strictement à ces échecs, ils se retrouveraient avec de sérieux problèmes. Dean Smith, le grand entraîneur de basket-ball de la Caroline du Nord l'a bien dit: «Si vous faites de chaque match une question de vie ou de mort, vous allez mourir souvent.» Quand vous comprenez qu'un échec n'est pas fatal, vous avez la possibilité de vous relever. C'est une leçon que les parents devraient enseigner à leurs enfants; les entraîneurs sportifs à leurs joueurs et les chefs d'entreprise à leurs employés.

Les grands entraîneurs ne sont pas imbus d'eux-mêmes. Ils se réjouissent bien légitimement des victoires, surtout lorsque la performance de l'équipe a été bonne; mais ils savent également passer par-dessus les revers. Si Don Shula est un grand entraîneur ce n'est pas seulement parce qu'il a appris à gagner, mais surtout parce qu'il sait comment composer avec les inévitables défaites qui font partie intégrante du jeu. Il a appris à mettre son ego de côté.

Les égocentriques sont dominés par la peur et le besoin d'avoir raison. Ils craignent la défaite parce qu'ils croient que leur valeur en tant qu'êtres humains dépend de la façon dont les autres les perçoivent. Ils doivent continuellement gagner pour prouver qu'ils sont bons. Pour ce type de personnes, le succès se mesure uniquement par le nombre de victoires, de ventes, de conquêtes ou d'acquisitions obtenues. Les grands entraîneurs veulent gagner, mais ils ne s'écroulent pas lorsqu'ils perdent. Quand j'ai travaillé avec Norman Vincent Peale à la rédaction du livre *Éthique et management*, nous avons discuté de l'humilité et Norman m'a dit: «Les gens humbles n'ont pas une moindre opinion d'eux-mêmes, ils pensent tout simplement moins souvent à eux-mêmes.» Ceci s'appliquait très bien à Don Shula.

J' ai été témoin de la façon dont Don Shula peut se remettre d'un revers. C'était en décembre 92 alors que les Dolphins quittaient le terrain après une décevante défaite de 42-31 contre les Bills de Buffalo. À ce moment, les Dolphins avaient une fiche de 8-4, et une victoire contre leur principal rival leur aurait assuré une bonne participation au Super Bowl en éliminant ce concurrent perpétuel de la compétition. À la mi-temps, les Dolphins menaient 17-7 lorsque tout s'effondra. J'étais un de ceux qui attendaient Don Shula dans sa loge après le match. Lorsqu'il apparut, il sembla complètement vidé et épuisé. Un ami tenta de l'encourager en lui disant: «Ne t'en fais pas, Don, vous les aurez la prochaine fois. Je suis certain que nous participerons aux finales.»

Don répliqua aussitôt: «Je ne veux surtout pas de paroles d'encouragement». Don Shula avait besoin d'espace pour assumer entièrement la défaite et pouvoir ensuite concentrer son énergie et celle de son équipe sur le prochain adversaire, à savoir, les Chiefs de Kansas City.

Lorsque j'ai revu Don le lundi soir avant son émission de télévision, il était complètement changé. Son esprit était déjà concentré sur Kansas City. On pouvait constater qu'en reparlant du match contre Buffalo, sa déception avait disparu. Pendant que nous mangions en regardant le match où les Raiders ont vaincu les Chargers, Don Shula avait déjà oublié la défaite et s'était préparé pour la bataille suivante. Et son équipe avait sûrement fait de même puisqu'ils balayèrent Kansas City par le compte de 45-21 le lundi soir suivant. Après le match, Don Shula annonçait à la presse, à sa façon bien à lui: «Nous avons réglé ça. Maintenant nous nous concentrons sur les deux prochains matchs afin de nous assurer la meilleure place dans les finales.»

Il n'y a qu'un grand homme pour faire une telle chose: admettre une erreur et se démener pour redresser les torts. Un des traits de caractère les plus destructifs pour un entraîneur, c'est l'arrogance, c'est-à-dire agir comme s'il contrôlait toujours tout. Par contre, une des plus précieuses qualités, c'est de savoir rester en contact avec sa vulnérabilité. La plupart des partisans de football reconnaissent Don Shula à son menton saillant et à son air déterminé lorsqu'il parcourt les lignes de touche, mais probablement très peu connaissent le côté doux et généreux de cet homme. C'est pourtant ces qualités qui lui permettent de toujours maîtriser son ego.

«Que les joueurs des Dolphins aient épargné à Don Shula un arrosage en règle dimanche dernier représente tout un hom-

«*Don Shula s'est emporté sur les ondes de la télévision nationale alors qu'il disputait un match serré contre les Rams de Los Angeles. Mécontent de la décision de l'arbitre, Don Shula s'est exprimé en termes dont il est peu fier, d'autant plus qu'à cause d'un micro, ses propos contraires au deuxième commandement («Tu ne prononceras pas à tort le nom de Dieu») ont été entendus dans des millions de foyers américains. Il a été inondé de lettres provenant de gens de tous les coins du pays qui désiraient lui manifester leur déception. Tous ceux qui avaient indiqué une adresse de retour reçurent un mot d'excuse de Don Shula, exprimant ses regrets sincères. Certains se lisaient comme suit: «Merci d'avoir pris le temps de m'écrire. Veuillez accepter mes excuses pour les commentaires injurieux. J'apprécie votre respect et je ferai de mon mieux pour le mériter de nouveau.»*

■ Peggy Stanton
The Daniel Dilemma:
The Moral Man in the Public Arena

mage pour lui. Par respect pour l'entraîneur le plus méritant de la LNF, ils ont déversé la boisson rafraîchissante Gatorade sur le sol. Selon la coutume, les joueurs des Dolphins s'apprêtaient à arroser leur chef de Gatorade à la toute fin de ce qui était la 325e victoire de la carrière de Don Shula, victoire de 19-14 contre les Eagles de Philadelphie. Mais au dernier moment, ils ont changé d'idée. Leur entraîneur leur avait permis de reprendre le match en main à la deuxième demie alors qu'ils devaient requérir les services de leur troisième quart. Une fois de plus, il les avait convaincus de réussir l'impossible. Alors, les joueurs n'ont pas voulu que leur entraîneur ait l'apparence d'un chat mouillé; ils ont préféré qu'il ait l'air d'un roi.

«C'est un homme distingué», dit le garde Keith Sims. «Nous avons regardé le Gatorade en nous disant: «Eh bien, nous devons faire quelque chose de digne.» C'est alors que trois secondeurs ont soulevé Don Shula et l'ont transporté sur le terrain du Stade des Vétérans, le bras gauche levé, les yeux pleins de larmes, entouré de ses joueurs qui essayaient de le toucher. C'est avec style que Don Shula a ravi à George Halas le titre d'entraîneur ayant remporté le plus de victoires de toute l'histoire de la LNF».

«C'est un homme distingué», dit le garde Keith Sims. «Nous avons regardé le Gatorade en nous disant: «Eh bien, nous devons faire quelque chose de digne.» C'est alors que trois secondeurs ont soulevé Don Shula et l'ont transporté sur le terrain du Stade des Vétérans, le bras gauche levé, les yeux pleins de larmes, entouré de ses joueurs qui essayaient de le toucher. C'est avec style que Don Shula a ravi à George Halas le titre d'entraîneur ayant remporté le plus de victoires de toute l'histoire de la LNF.»

■ Bill Plaschke, Los Angeles Times

DON SHULA

Beaucoup d'entraîneurs rêvent de plaire au grand public. Pour ma part, je ne m'en suis jamais soucié. Je désire seulement être respecté. Le respect est différent de la popularité. Il ne se crée pas et ne se revendique pas, bien que certains leaders puissent le croire. La seule façon d'obtenir du respect est de le mériter. Et cela ne se fait pas en parlant mais en agissant, en faisant des choses qui ont du sens pour les membres de votre équipe. Ils doivent reconnaître que vos actions ne sont pas motivées par votre ego, mais plutôt par votre désir de les aider à être les meilleurs. Il n'est pas nécessaire qu'ils aiment ce que vous faites pour vous respecter et suivre vos directives. En tant qu'entraîneur, vous demanderez à vos gens de se dépasser, de repousser leurs limites, et

«J'en suis au point où je peux parler à tout le monde de ce que je fais. Je connais mon travail et c'est grâce à Don Shula que je suis rendu ici. Cependant, le processus d'évolution qui suppose de travailler étroitement avec quelqu'un comme Don Shula ne convient pas nécessairement à tout le monde. Ce n'est pas toujours facile. Il faut du cran pour se lever lors d'une réunion et aller inscrire quelque chose au tableau alors que Don Shula est assis au premier rang. Il connaît le football et il le connaît bien, alors il vaut mieux avoir fait ses devoirs. Il passe sont temps à vous questionner: "Pourquoi? Pourquoi? Pourquoi?" Il vous oblige à vous remettre en question constamment. Grâce à lui, j'ai développé, au fil des ans, cette habitude de toujours être vraiment préparé. Je le respecte et je crois qu'il me respecte aussi.»

■ Mike Westhoff
Entraîneur des équipes spéciales des Dolphins de Miami

«Mike Westhoff est entraîneur 24 heures sur 24. Je ne pourrais espérer plus grand dévouement.»

■ Don Shula

55

ainsi vous ferez souvent des choses impopulaires. Si être aimé est ce que vous recherchez, cela dictera votre comportement ; vous ne voudrez pas trop offenser quiconque ou susciter la colère. Avec un tel comportement, votre efficacité disparaîtra, de même que le respect de votre équipe.

Avec mon équipe de football, je cherche à établir une relation de respect mutuel. D'une part, je veux que mes joueurs me respectent parce que je leur donne tout ce que j'ai pour les préparer à jouer le mieux possible. D'autre part, ils me prouveront leur respect en étant déterminés à tout donner d'eux-mêmes pour se préparer au jeu. Pour obtenir des gens ce genre d'engagement, qu'ils vous aiment ou non ne doit pas vous inquiéter. Ce qui peut faire votre succès en tant qu'entraîneur peut également faire votre succès en tant que père ou époux. Je souhaite que les gens me respectent pour ma façon d'entraîner les Dolphins de Miami tout autant que pour celle dont je mène ma vie personnelle.

Tant que votre crédibilité n'est pas remise en question, vous avez du leadership. Pour moi, la crédibilité c'est dire des choses sur lesquelles les gens peuvent compter ; des choses qu'ils peuvent croire et accepter sur-le-champ. À partir du moment où votre crédibilité est mise en doute, de quelque façon que ce soit, votre leadership s'en trouve affecté. Lorsque je m'adresse à mon équipe pendant une réunion, je désire leur attention et leur respect. Pour les obtenir, je sais que je dois d'abord leur faire confiance. Mais tout commence par moi : je dois être totalement honnête avec mes joueurs. Si j'aperçois au fond de la salle quelqu'un qui donne un coup de coude à son voisin et lui chuchote quelque chose à l'oreille, je me demande si cette personne croit ce que je suis en train de dire. J'arrête immédiatement de parler pour tirer la situation au clair. Quand je fais des erreurs, je m'attends à ce que mon entourage soit tout aussi honnête avec moi.

Une des façons de gagner le respect des autres est d'admettre, le cas échéant, que vous avez fait une erreur. En tant qu'entraîneur, vous devez prendre des décisions difficiles et vos équipes savent que vous pouvez vous tromper. Si vous vous trompez et n'osez pas l'admettre, ceci entachera votre crédibilité. Par exemple, lors du match contre les Jets, en novembre dernier, alors qu'il restait trois minutes de jeu, nous étions au quatrième essai à la ligne de 5 mètres dans notre territoire. Dan Marino voulait y aller. Il avait peur de ne pas pouvoir récupérer le ballon. Mais j'ai pensé qu'il nous restait trois temps

> *«Il y a un certain temps, j'ai soumis le scénario suivant à Dan Marino: «Nous marquons pendant le dernier jeu. Ceci nous place à un point derrière l'adversaire. Nous pouvons alors faire le botté de transformation qui nous donnerait un point, nous plaçant à égalité et forçant ainsi une prolongation. Ou encore, nous pouvons faire la transformation de deux points et prendre le risque de gagner ou de perdre. Si tu perds, tout le monde dira: "Pourquoi n'as-tu pas opté pour l'égalité?" Si tu y vas pour l'égalité mais que tu perds le tirage au sort (nous avons perdu 10 des 12 premiers tirages au sort en 1994), et ne fais pas un bon botté, le match peut prendre fin rapidement sur un placement de tes adversaires. Si cela se produit, tout le monde dira: "Nous aurions pu la gagner avec un jeu de deux mètres!" Quelle est ta décision, Dan? Il se contenta de sourire en disant: "Coach, c'est exactement pour prendre ce genre de décisions qu'on vous paie si cher."»*
>
> ■ Don Shula

morts, sans compter le temps mort d'avertissement de deux minutes. J'ai alors opté pour le botté. Voici ce qui arriva: Jim Arnold a botté avec le côté du pied et le ballon n'a parcouru que 30 mètres. Il a rebondi dans les mains d'un joueur qui a fait une échappée momentanée. Si nous avions recouvré le ballon, ma décision aurait été excellente. Mais les Jets avaient maintenant le ballon et se trouvaient en bonne position. Et il semblait évident qu'ils pouvaient ramener le ballon et mettre fin au match avec un placement ou un touché. Mais notre défense a bien joué. Nous avons repris possession du ballon et Dan Marino nous a ramenés au bout du terrain. Dans les dernières douze secondes de jeu, nous avons marqué et gagné le match.

Bien sûr, les choses auraient pu se passer autrement et Dan Marino et l'attaque n'auraient jamais repris le ballon. Si cela s'était produit et si j'avais essayé d'en blâmer quelqu'un d'autre dans le vestiaire, j'aurais perdu le respect de l'équipe. Quand la pression est intense et qu'il y a une décision à prendre, prenez-la. Les joueurs savent que c'est votre décision, et ils la respecteront.

KEN BLANCHARD

À partir du moment où vous acceptez une responsabilité de leader, que ce soit au sein des affaires, de l'enseignement, du gouvernement ou de la famille, le projecteur est braqué sur vous à l'heure des décisions graves. Votre façon de prendre ces décisions et de les faire respecter aura un impact important sur votre crédibilité et le respect qu'on vous portera. Et parfois, prendre la bonne décision peut avoir des conséquences importantes (par exemple, lorsque des emplois sont en jeu). De plus, si vous aviez établi des relations amicales avec votre personnel, ces décisions délicates peuvent être encore plus compliquées. Mais l'attachement émotif ne devrait aucunement être relié à la performance de quelqu'un.

Le détachement fait partie du style de l'entraîneur Don Shula. Charlie Morgan, avocat et ami de longue date de Don m'a répété des commentaires venant de Bob Griese et de Nick Buoniconti, piliers de l'équipe imbattable de 1972. Ils s'entendaient pour dire que: «Depuis que nous travaillons pour Don, nos relations amicales avec lui se sont développées. Lorsque nous jouions dans son équipe, il était toujours plus distant.» Certains entraîneurs sont décrits comme étant «pour les joueurs»: ils veulent que l'équipe les aime. Don ne se souciait guère d'être aimé. Que les joueurs fassent de leur mieux était son seul souci. Don Shula et ses entraîneurs étaient prêts à travailler dur avec un joueur qui voulait améliorer sa perfor-

Don Shula a dû avoir une conversation sur la «planification de carrière» avec le botteur Jim Arnold après les 12 premiers matchs de la saison 1994. Jim Arnold avait été meneur de la N.F.C. et troisième dans la moyenne générale de dégagement pour la L.N.F. en 1993-94. Les Dolphins l'avaient recruté à Detroit comme joueur libre sans restrictions en avril 1994. Don Shula avait mis beaucoup d'espoir en lui. Mais Jim Arnold n'a jamais pu reproduire ses performances gagnantes avec Miami. Don Shula l'a congédié après le match contre les Jets en novembre. «J'ai détesté devoir faire cela; Jim était bien aimé», dit-il. «Mais il ne pouvait pas faire son travail pour nous. Peut-être voulait-il trop bien faire. Je devais trouver quelqu'un qui pourrait raviver notre confiance dans nos jeux de botté. John Kidd, un botteur expérimenté qui avait prouvé ses compétences avec San Diego, était disponible. Alors nous lui avons remis le ballon. Il a eu une bonne participation au cours des finales.»

mance. Cependant, si celle-ci continuait de diminuer, une discussion sur la «planification de carrière» devenait inévitable.

Je considère l'attachement émotif comme étant un problème non seulement dans le monde des affaires, mais également dans le milieu éducatif et dans les foyers. Les gens d'affaires, tout comme les professeurs ou les parents veulent souvent être aimés. En conséquence, ils peuvent refuser de prendre des décisions impopulaires qui, en fait, auraient encouragé les gens à donner le meilleur d'eux-mêmes. Rares sont ceux qui se plaisent à prendre des décisions pouvant susciter la colère des autres. Pourtant, en réfléchissant à votre vie, vous vous rendez compte que les personnes qui vous ont le plus influencé étaient celles qui ont su s'imposer lorsque c'était nécessaire.

J'ai eu une enseignante d'anglais qui m'a particulièrement marqué. Elle s'appelait mademoiselle Symmes. Tous les professeurs d'anglais que j'avais eus avant elle me félicitaient et me donnaient des B parce qu'ils m'aimaient et voulaient que je les aime également. Mais mademoiselle Symmes n'était pas comme eux. Elle me remit ma première rédaction avec une mention E, me disant que je pouvais faire mieux. Comme j'étais déjà un leader dans ma classe, je pensais pouvoir m'en tirer avec mes

talents de communicateur. Mais selon elle, il me fallait également apprendre à écrire. Et elle ne me laissait aucun répit. Elle
m'a poussé et poussé jusqu'à ce que je lui remette le dernier
devoir sur lequel elle pourrait enfin mettre un A. Elle était fière
de moi, et moi aussi. Je n'oublierai jamais cette femme. Je suis
convaincu que vous avez également une mademoiselle Symmes
dans votre vie.

Mais voici la question la plus importante: Seriez-vous prêt
à être une mademoiselle Symmes pour quelqu'un d'autre? Seriez-vous prêt à pousser vos joueurs, qu'il s'agisse d'un groupe
de gestionnaires ou d'une troupe de scouts, en dehors de leur
zone de confort pour qu'ils essaient d'atteindre l'excellence?
Être un grand entraîneur signifie pouvoir sacrifier la popularité
et le besoin d'être aimé pour faire ce qui doit être fait et être
respecté. Au bout du compte, on se souviendra de vous comme
étant le meilleur entraîneur qu'on ait connu.

«Je ne connais qu'une seule façon de diriger: donner l'exemple.»

■ Don Shula

Don Shula

Beaucoup de leaders savent dire aux autres ce qu'ils doivent faire, mais ils ne donnent pas l'exemple. «Faites ce que je dis, ne faites pas ce que je fais.» Bien sûr, je ne montrerai pas aux joueurs comment courir, faire des passes, des blocages ou des plaqués en le faisant moi-même. Pour moi, donner l'exemple, c'est avoir de hauts critères de performance, être attentif aux détails et par-dessus tout, travailler de façon acharnée. À cet égard, je ne demanderai jamais à mes joueurs de faire plus que ce que je suis moi-même disposé à faire. Je dois me préparer pour chaque match de façon exemplaire. Je me consacre au succès et je ferai tout pour y parvenir. Je suis habituellement le dernier à quitter le terrain d'entraînement.

J'ai déjà entendu quelqu'un exprimer ce qui résume assez bien mon attitude envers le travail: pour réussir, il suffit de travailler la moitié de la journée: soit le premier 12 heures, ou les 12 heures suivantes. Pendant une saison qui dure 7 mois, mes entraîneurs n'ont vraiment pas un jour de repos. Nous travaillons 7 jours sur 7. Lors des camps d'entraînement, nous nous déplaçons avec les joueurs et nous pensons football presque 24 heures sur 24. Certes, les entraîneurs ne sont pas ceux qui reçoivent les coups, absorbent les chocs et subissent les blessures. Néanmoins, les joueurs savent très bien qu'ils portent une lourde charge sur leurs épaules.

Pendant la saison 1994-95, je pensais que j'avais un dépôt de calcium au talon. La douleur devint si intense que j'en vins à porter, pour me déplacer sur le terrain d'entraînement, quelque chose qui ressemblait à une bottine de ski et qui réduisait la souffrance. J'avais décidé que je ne réglerais ce problème qu'une fois la saison terminée. Je ne peux pas demander à des joueurs blessés de jouer si je me dégonfle moi-même à la moindre douleur. Finalement, je n'eus plus le choix. Un jour, au début de décembre, alors que je quittais le terrain après l'entraînement, je sentis claquer quelque chose. En fait, j'avais une déchirure au talon d'Achille – la blessure qui avait tenu Dan Marino à l'écart du jeu la saison précédente. (Voilà une façon de ressentir de l'empathie pour ses joueurs)! Le jour de l'opération tombait la même journée que la première séance d'entraînement de la saison régulière et c'était la première fois que je manquais une séance en 25 ans de carrière avec les Dolphins.

KEN BLANCHARD

Actuellement, dans notre pays, un des problèmes majeurs au niveau du leadership est le manque de respect et de crédibi-

---

Mary Anne Shula raconte: «Don s'est présenté à l'hôpital tôt le vendredi matin pour se préparer à l'opération qui réparerait son talon. Après l'intervention, il fut conduit à la salle de réveil puis à sa chambre, où il aurait dû passer la nuit. Mais à 14 h 30, il en avait assez de l'hôpital. Il m'a demandé de lui apporter ses béquilles et peu après, nous étions de retour à la maison. Le lendemain matin, il était debout à 5 h 30, déterminé à assister à la messe puis à se rendre à l'entraînement. Je n'ai réussi à le convaincre de se reposer que quelques minutes. À 10 h, il se trouvait sur le terrain d'entraînement dans une voiturette de golf. Et c'est de cette façon qu'il a fait son travail le lundi suivant alors que son équipe affrontait les Chiefs de Kansas City.»

Le pied surélevé, Don Shula se faisait conduire par un adjoint le long des lignes de touche. Après que les Chiefs eurent marqué sur de longues passes à leurs deux premières prises de ballon, les caméras de télévision firent un gros plan sur Don Shula alors qu'il indiquait à son chauffeur de se rendre à l'endroit où s'assoient les joueurs défensifs lorsqu'ils quittent le terrain. Il était en colère et il voulait que tout le monde le sache. Un des commentateurs du match se mit à rire en disant: «Je pense que certains de ces joueurs sont bien chanceux que Don Shula ne puisse sortir de la voiturette. Si les choses ne s'améliorent pas il pourrait tout aussi bien se rendre directement sur le terrain avec sa voiturette.» Après l'accès de colère de Don, la défense s'est mise en branle et a permis aux Dolphins de gagner ce match important et de s'assurer une place dans les finales.

---

lité. Avec toutes les réductions de personnel, les restructurations et autres changements majeurs, l'employé type arrive difficilement à s'imaginer les problèmes rencontrés par la direction. Les salaires faramineux des chefs d'entreprise et les bénéfices marginaux suscitent la révolte chez les gens qui se retrouvent sans emploi, ou dont le poste est menacé. Bien sûr, les cadres supérieurs se font congédier à l'occasion, mais la masse des travailleurs les voit partir les poches bien remplies.

On pourrait croire que je m'insurge contre les réductions de personnel, mais ce n'est pas du tout le cas. Comme je l'ai mentionné précédemment, le monde des affaires est de plus en plus imprévisible. Il est en constant changement et c'est pourquoi il est très important pour les gestionnaires de conserver leur crédibilité auprès des gens qu'ils dirigent. Le message suivant s'adresse donc aux leaders de tout genre d'entreprise : « Ne demandez pas à vos employés de faire ce que vous n'êtes pas prêts à faire vous-mêmes. »

Lorsque vous demandez à vos enfants de ranger leurs chambres alors que votre salle de travail semble avoir été victime d'une tornade ou que vous les incitez à être économes pendant que vous vous lancez dans de folles dépenses, vous entachez votre crédibilité et perdez leur respect. Je vois des patrons s'emporter contre des employés qui ne sont pas ponctuels au travail alors qu'eux-mêmes se permettent de prendre de longues heures pour déjeuner et arrivent en retard aux réunions au détriment de ceux qu'ils font attendre. Que cela vous plaise ou non, si vous êtes un chef, les regards seront toujours tournés vers vous. Montrez-moi un gestionnaire qui arrive en retard au travail et se permet de partir tôt, et je vous montrerai des employés dont le comportement sera le reflet de ces habitudes.

Ce qui permet de distinguer ceux qui réussissent de ceux qui échouent, c'est que les premiers sont prêts à en faire toujours un peu plus, à faire ce que d'autres refusent de faire. Pour décrire l'énergie et le dévouement de Don Shula pour le travail bien fait, l'ancien entraîneur-adjoint des Dolphins, Monte Clark, s'est exprimé ainsi: «Je crois que l'église dont il est membre doit s'appeler Notre-Dame du Mouvement Perpétuel.»

Durant la semaine précédant le match d'ouverture d'avant-saison, Don Shula insiste pour que ses joueurs dorment tous au camp d'entraînement. S'il faut que tous les joueurs passent la nuit au camp, devinez qui d'autre doit être là? Un de ces soirs-là, je dînais en compagnie des Shula, de Donna, la fille de Don et de son conjoint, Steve Cohen. Après le repas, Don a embrassé Mary Anne en lui souhaitant bonne nuit et s'est rendu au camp, comme il se devait de le faire.

Ce que je vous ai dit jusqu'à présent à propos de la crédibilité peut vous rappeler des choses que votre mère vous répétait sans cesse. Laissez-moi vous donner un autre exemple. Je raccompagnais un jour Dorothy Jongeward à l'aéroport. Elle est coauteure du livre *Naître gagnant* et elle venait de donner une excellente conférence devant notre personnel. Je lui dis: «Dorothy, tu as fait du très bon travail en reliant l'analyse transactionnelle au monde du travail. Personne n'aurait pu le faire mieux.» Elle sourit et me répondit: «Ken, beaucoup de personnes auraient pu le faire; mais personne d'autre n'aurait pu être Dorothy Jongeward. L'analyse transactionnelle est la façon que j'ai choisie pour m'ouvrir aux autres.»

Qu'arriverait-il si vous considériez votre travail en tant que gestionnaire, professeur ou parent, comme étant une occasion de vous ouvrir aux autres? Nous sommes généralement si préoccupés par nos tâches que nous oublions qu'avant tout, ce que nous donnons aux autres, c'est *nous*: nos valeurs, nos attitudes, nos perceptions. En fait, ce ne sont pas nos compétences, nos connaissances ni nos expériences qui ont le plus d'impact: *nous* sommes le message principal. De quelle façon vous ouvrez-vous aux autres dans votre travail?

« *Même si je sais très bien que je ne pourrais gagner dans la LNF sans la participation de joueurs extraordinairement doués, j'ai néanmoins toujours considéré les traits de personnalité comme étant tout aussi importants que le talent, et parfois même davantage.* »

■ Don Shula

Don Shula

J'ai toujours pensé qu'on a besoin de gens bien pour gagner. Selon moi, la personnalité est tout aussi importante que le potentiel. C'est ce qui constitue l'essence d'une personne. C'est la corrélation entre ses croyances et ses comportements. Peut-on se fier à cette personne? Sera-t-elle présente lorsque vous aurez besoin d'elle? Il m'est arrivé de recruter des joueurs en fonction de leurs capacités plutôt que de leur personnalité, et à chaque occasion, l'équipe en a souffert. Si on se rend compte que la personne est une pomme pourrie, il faut l'éliminer avant qu'elle n'affecte le reste du panier.

À la fin de chaque journée, je réunissais tous les entraîneurs et nous parlions des séances d'entraînement et des joueurs. Je demandais à chaque entraîneur d'apprendre à bien connaître ses joueurs et de trouver ce qui les faisait vibrer. Pour chacun des joueurs, il me faut sa-

> *«L'entraîneur Don Shula est très minutieux. Il surveille tout. Il pose des questions pour sonder ses entraîneurs. Il veut que nous sachions tout des joueurs sous notre responsabilité: de leur poids jusqu'à leurs pensées. Cela peut ressembler à du baby-sitting, mais il veut que nous soyons totalement engagés. Nous sommes ceux qui lui feront les recommandations pour déterminer qui restera au sein de l'équipe et qui devra partir. Il veut que nous soyons aussi francs que possible, sans toutefois être belligérants ou négatifs. Dites ce que vous avez à dire et ce sera à lui de prendre la décision finale. Il veut de bons athlètes et des gens bien.»*
>
> ■ Joe Greene

> *«Tous les joueurs respectent Joe Greene. Je me fie beaucoup à son jugement. C'est un gars très intuitif et ce qu'il dit est toujours très sensé.»*
>
> ■ Don Shula

voir quelles seront ses réactions dans différentes situations, quelle est sa capacité d'apprentissage, son endurance aux blessures et quelles sont ses habitudes de travail et de formation. Un entraîneur qui connaît bien ses joueurs sera en mesure de déterminer lequel s'adaptera le mieux au système des Dolphins et se mêlera facilement au reste de l'équipe. À de rares occasions, il m'est arrivé de tolérer le comportement indésirable d'un joueur en raison de sa performance unique. Mais règle générale, je préfère me passer de quelqu'un dont l'attitude et la personnalité ne correspondent pas au profil des Dolphins.

Ma certitude d'avoir besoin de gens bien pour gagner nous a aidés. Au cours des années, j'ai vu beaucoup de gens qui, à première vue, n'étaient pas excessivement doués mais qui toutefois affichaient une personnalité remarquable tout en étant très motivés. La saison parfaite de 1972 en recèle de nombreux exemples comme «M. Fiable», Howard Twilley, receveur éloigné émérite. En regardant Howard, vous auriez pu le trouver trop petit ou pas assez rapide; mais son courage et son adresse étaient extraordinaires. Je mettrais Nick Buoniconti dans la même catégorie. En fait, c'est un super gagneur. Sur le plan strictement technique, Nick n'était pas assez costaud, pas assez rapide ni assez fort pour être secondeur. Mais grâce à sa grande détermination, son enthousiasme et son amour du football, il est parmi ceux qui ont le mieux joué. Il était capable de s'ajuster à ce qui se passait sur le terrain, et il a fait très peu, sinon aucune erreur de jugement. Le joueur à l'attaque, Norm Evans, et le plaqueur, Manny Fernandez, étaient, à l'instar de Nick, toujours là lorsque vous aviez besoin d'eux. Il en était de même pour les quarts Bob Griese et Earl Morrall. Ce sont là des personnes auxquelles vous désirez être associé.

Récemment, j'ai également pu compter sur des joueurs ayant une grande force de caractère. Le premier qui me vient à l'esprit est le joueur arrière, Keith Byars, qui a quitté Philadelphie pour se joindre à nous en 1993. Dès sa première année avec nous, il a eu une excellente saison et a été nommé le joueur le plus utile à son équipe. C'est un type remarquable. Il n'a jamais manqué une séance d'entraînement et il se donnait à 150 %, tout comme le faisaient d'ailleurs le quart, Rich Webb, et le receveur éloigné, Irving Fryar, qui nous arrivait de Nouvelle-Angleterre. Quant à Dan Marino, c'est un leader-né. Il s'est remis admirablement de la blessure au talon d'Achille qui mit abruptement fin à sa saison 1993. Lorsqu'il s'est présenté au camp l'été dernier, il était impatient de jouer. Il voulait le grand match, le Super Bowl, tout comme moi. J'ai besoin de gars comme eux qui sont prêts à devenir des leaders dans les moments importants.

Lorsque les joueurs reviennent du camp pour commencer leur entraînement d'avant-saison, on leur fait courir des aller-retour de 300 mètres pour évaluer leur condition physique. C'est une course continue contre la montre et les demis à l'attaque doivent le faire en moins de 54 secondes. Chacun cherche son souffle et ils sont bien contents quand l'épreuve est enfin terminée. Au camp d'entraînement de 1994, j'ai vu Keith Byars faire un aller-retour supplémentaire. Il a dit, par la

> *«L'intangible est toujours difficile à évaluer. Comment peut-on mesurer le moral de quelqu'un? Il n'existe pas de test pour cela. La meilleure façon de l'évaluer est en se basant sur les comportements passés. Lorsque nous nous rendons dans une école, nous parlons avec l'entraîneur mais nous discutons également avec le préposé à l'équipement. Ce dernier connaît généralement bien les jeunes puisqu'il les voit au moment où ils sont le plus détendus. Même après les avoir eus pendant une année, certains d'entre eux nous surprennent encore d'une façon positive ou négative. Il y a quelques années, un de nos meilleurs receveurs de passe gagnait un million de dollars par année. Malheureusement, il s'est mis à prendre de la drogue et à se détruire. Nous avons dû le laisser partir. C'est Tom Heckert, le directeur attitré aux joueurs, qui a la dure tâche d'annoncer les renvois. C'est un travail ingrat mais nécessaire. On ne peut se permettre d'avoir dans l'équipe des gens qui ne répondent pas au profil de personnalité recherché.»*
>
> ■ Tom Braatz
> Dolphins de Miami
> Directeur du collège Scouting

suite : « Celui-là, c'était pour le Super Bowl ». Comment peut-on espérer un meilleur exemple de leadership ? J'ai été vraiment peiné lorsque Keith s'est blessé et a mis fin prématurément à sa saison. Des gars comme lui avec un moral à toute épreuve et une forte personnalité peuvent avoir une très bonne influence sur les autres joueurs.

Certains d'entre vous se rappelleront d'une tradition qu'avaient les membres de l'équipe du Super Bowl de 1972 : à la fin de chaque troisième quart, ils faisaient un sprint jusqu'à l'autre bout du terrain, même si généralement ils étaient vidés. Je suis persuadé que tous n'avaient pas vraiment le goût de courir ; mais quand un gars voit son capitaine en tête du peloton, l'enthousiasme prend le dessus.

C'est toujours très décevant de voir une personne très douée mais pas motivée. J'avais mis des espoirs dans un jeune qui, je le croyais, pouvait apporter une contribution appréciable au sein de l'équipe. Cependant, nous n'avons jamais réussi à le faire participer régulièrement à l'entraînement. Il est maintenant parti. Dans dix ans d'ici, il se demandera s'il avait ce qu'il fallait pour devenir un pro. Il a eu sa chance, mais on ne peut aider un gars qui ne se montre même pas à l'entraînement.

J'aime donner à chaque joueur toutes les occasions possibles de se mettre en valeur. Il y a longtemps, nous avons eu dans l'équipe un gars qui était assez costaud et tellement fort qu'il aurait pu soulever une maison ; mais il n'était pas vaillant. Nous avons dépensé une fortune en lui accordant de grosses primes, pour finalement le laisser partir. Après deux ans, il ne respectait toujours pas ses engagements. Il ne pouvait pas entrer dans le rang et il oubliait toujours les plans de match. Lors d'une simulation de manœuvre, il a manqué son homme et Dan Marino aurait été plaqué. Le gars avait alors dit : « Recommençons. » Mais on ne peut pas toujours recommencer. Dans la vie, on a rarement une deuxième chance.

KEN BLANCHARD

Lorsque mon épouse et moi avons mis sur pied notre société, nous avions décidé que nous n'embaucherions que des gens qui nous plaireient. Notre consigne était que si quelqu'un se présentait à la porte et que nous ne sentions pas de chimie s'établir entre cette personne et nous, nous ne l'engagions pas. C'était facile à l'époque où nous menions une petite entreprise familiale mais nous pensons encore comme cela aujourd'hui. Les trois valeurs que nous préconisons dans notre entreprise sont: (a) l'éthique, c'est-à-dire faire les bonnes choses; (b) les relations humaines, pour établir un climat de confiance et de respect; et (c) le succès, pour atteindre nos objectifs professionnels. Nous avons dû récemment prendre la décision difficile de mettre fin à notre relation de travail avec notre principal instructeur à la production parce qu'il ne cessait d'enfreindre deux de nos valeurs fondamentales: l'éthique et les relations humaines. Il n'est jamais facile de prendre de telles décisions, mais si vous ne vous entourez pas de gens qui ont la personnalité souhaitée, vous serez constamment détourné de vos objectifs.

Quelqu'un a demandé à Mary Kay Ash, la fondatrice des cosmétiques Mary Kay, comment elle réussissait à s'entourer de vendeurs toujours sympathiques. Elle a répondu qu'elle embauchait des personnes agréables et qu'elle s'assurait de leur fournir un environnement qui les encouragerait à conserver leur attitude positive et leur amour du travail bien fait. J'ai donné récemment une conférence au Ritz Carlton de Laguna Niguel en Californie. Cet hôtel venait de recevoir la mention de meilleur hôtel des États-Unis. Certains des participants à la conférence m'ont demandé comment la direction de l'hôtel avait réussi à inciter ses employés à un tel dévouement envers les clients. Au moment de la pause, j'ai abordé deux employés du Ritz Carlton et je leur ai demandé: «Vous dévouez-vous de la sorte pour vos clients simplement parce que vous êtes des gens bien ou plutôt parce que vous avez été formés à le faire ?

« Les deux », répondirent-ils. « On embauche des gens bien, et ensuite on les forme de façon intensive au cours de 2 journées d'orientation et de 21 jours de stage supervisé. À la fin de la formation, ils s'assoient avec les patrons pour évaluer leur avenir au sein de cette société. »

Si vous voulez des gens bien pour gagner, il ne faut rien laisser au hasard. Vous devez embaucher, former et superviser les gens afin que leurs procédés soient en accord avec les valeurs que vous préconisez.

« *Le maître dans l'art de vivre fait très peu de différence entre le travail et le jeu, les responsabilités et les loisirs, le corps et l'esprit, l'information et la distraction, l'amour et la religion. Il arrive à peine à les distinguer les uns des autres. Il se contente de rechercher l'excellence dans tout ce qu'il fait. Il laisse aux autres le soin de décider s'il est en train de travailler ou de jouer. D'après lui, il fait les deux à la fois.* »

■ James Michener

DON SHULA

Les gens me demandent sans cesse: «Qu'est-ce qui te motive, Don? Qu'est-ce qui t'a encouragé à faire le même travail pendant plus de 30 ans?» Ma réponse est toujours la même: lorsque le stade est rempli d'une foule animée et que l'arbitre lève le bras pour signaler le début du match, je peux sentir une montée d'adrénaline dans mon corps. Je ne voudrais me trouver nulle part ailleurs au monde. Je trouve cela fabuleux d'être payé pour faire quelque chose que j'aime.

Le travail de bureau n'est pas dans mes cordes. J'aime le football et j'aime être entraîneur. C'est le caractère compétitif de ce jeu et son aspect psychologique qui m'ont attiré. Le joueur doit avoir des capacités physiques d'athlète mais également être en mesure de savoir ce qu'il fait. Et, par surcroît, il doit être motivé. Je veux gagner tous les matchs; mais lorsqu'il m'arrive d'en perdre un, je veux retirer le plus possible de cette expérience et me servir de ces nouvelles connaissances pour le suivant. J'attends toujours avec impatience le match à venir.

Pour moi, le plaisir d'être entraîneur n'est pas seulement un avantage, c'est un ingrédient essentiel à la réussite. C'est pourquoi il se trouve sur ma liste de convictions. Il arrive que les caméras de télévision se tournent vers l'entraîneur durant un match pour montrer ses réactions face à certaines situations. Les gens veulent voir la passion du leader; il est encourageant pour eux de le voir s'engager et déployer de l'énergie pour soutenir l'équipe. L'amour du jeu ne peut être simulé: il est présent ou non». Si vous vous rendez compte que vous aimez être entraîneur, mettez-y le meilleur de vous-même ; sinon, laissez ce travail à quelqu'un d'autre.

En décembre dernier, Ken et moi regardions le match opposant la Floride à l'Alabama. À la mi-temps, le duo Terry Bowden, entraîneur-chef à Auburn et son père, Bobby Bowden, de l'État de Floride, parlaient de qui serait le champion national. Ils avaient rejoint par satellite Joe Paterno de Pennsylvanie, et lui demandaient son opinion : croyait-il que l'équipe gagnante serait sa propre équipe, les Lions de Nittany, ou Alabama qui n'avait subi aucune défaite à ce jour, ou encore les champions du Nebraska ? Joe ne voulait tout simplement pas aborder ce sujet. Il se contenta de dire qu'il était personnellement ravi que son équipe participe au Rose Bowl. Il n'était absolument pas question pour lui d'amoindrir ce plaisir en se lançant dans une folle discussion au sujet du championnat national. Je suis entièrement d'accord avec Joe Paterno. La presse veut nous entraîner dans ce genre de comparaisons et de prévisions. J'aime profiter de la joie d'être entraîneur un match à la fois.

KEN BLANCHARD

Pour la majorité des gens, il existe une grande différence entre le travail et le jeu. Le travail est considéré comme quelque chose que l'on doit faire et le jeu, quelque chose que l'on choisit de faire. Selon moi, la différence entre les deux est plus une idée qu'une réalité puisque le travail et le jeu demandent un aussi grand investissement sur le plan physique et mental. Confucius a dit : « Choisissez un travail que vous aimez et vous n'aurez pas à travailler une seule journée de votre vie. » Vous avez un emploi satisfaisant si vous arrivez difficilement à distinguer le travail du jeu. Les meilleurs gestionnaires au monde sont ceux qui aiment profondément ce qu'ils font. Don Shula est un grand entraîneur parce que ce qu'il préfère plus que tout, c'est entraîner son équipe vers la victoire. Pour vous assurer que votre travail est également un jeu, vous pouvez rédiger un énoncé de mission.

Le point crucial de cet énoncé de mission est d'identifier une activité qui vous passionne tellement que vous perdez la notion du temps lorsque vous la pratiquez. J'ai remarqué que lorsque j'enseigne ou j'écris, je suis plus heureux et en meilleure forme. (Par exemple, je viens tout juste de m'apercevoir qu'il est 4 h du matin et que je suis encore en train d'écrire). Je veux également que ma vie change quelque chose dans la vie des autres. Voici donc mon énoncé de mission: *Enseigner par l'exemple les vérités fondamentales qui favoriseront, tant chez moi que chez les autres, l'éveil à la présence de Dieu dans nos vies.*

Je dis « éveil à la présence de Dieu » parce que j'admets qu'il existe une force supérieure dans ma vie. Nous avons peut-être pris un risque auprès de certains lecteurs en mentionnant le nom de Dieu dans ce livre, mais je crois que nous courons tous au-devant des ennuis si nous croyons qu'il n'existe rien de plus puissant, de plus avisé et de plus aimant que nous-mêmes. À l'automne dernier, Margie et moi dirigions un séminaire sur l'excellence personnelle à Yosemite Park. Un des participants a exprimé son désaccord au sujet de ma référence à une puissance supérieure. Un peu plus tard, durant le week-end, nous avons emmené les gens travailler à leur énoncé de mission à Glacier Point, un sommet à 900 mètres au-dessus du niveau de la mer et d'où la vue est à couper le souffle. J'ai remarqué que mon ami incroyant se tenait debout près du bord et contemplait d'un regard pensif ce spectacle magnifique. Je me suis dirigé vers lui et nous sommes restés là, pendant quelques instants, laissant ce panorama nous pénétrer. Je lui dis ensuite: « C'est un bel accident, n'est-ce pas? » Et nous avons ri tous les deux.

Je crois que dans le monde d'aujourd'hui, l'être humain est trop tributaire de son ego. C'est pourquoi il sort Dieu de sa vie et se place lui-même au centre. Un des plaisirs de travailler avec l'entraîneur Don Shula est qu'il a su allier son amour du football et son désir de changer quelque chose dans le monde avec sa dévotion à l'égard d'une autorité supérieure. Vous pouvez atteindre le même équilibre dans votre vie en préparant votre énoncé de mission et en le gardant à l'esprit quand vous prenez des décisions concernant votre carrière.

Optimisation

« Les principes de base de l'entraînement sont le soin des détails et le suivi des résultats. C'est ce qui permet aux leaders de voir se réaliser leurs visions et d'atteindre leurs buts. Voilà ce que Don Shula appelle l'optimisation. La préparation optimale sur laquelle insiste Don Shula est basée sur un système d'apprentissage optimum : limiter le nombre d'objectifs sur lesquels les joueurs doivent concentrer leurs efforts, minimaliser les erreurs des joueurs durant l'entraînement, leur faire mémoriser les mécanismes du jeu afin qu'ils deviennent automatiques et finalement, s'entraîner en visant l'amélioration continue. Don Shula croit en l'importance d'accomplir des performances parfaites lors de l'entraînement. »

■ Ken Blanchard

En entrant dans l'hôpital, l'homme prend l'ascenseur jusqu'au deuxième étage puis s'arrête à la salle des infirmières pour se renseigner. Son visage est très sérieux alors qu'il longe le corridor le menant à la chambre indiquée. En pénétrant dans la pièce, il se dirige vers la silhouette enveloppée de pansements qui repose sur le lit. Le patient l'aperçoit, lui sourit faiblement et lève un bras relié à de nombreux tubes.

«Merci d'être venu, coach.

— Comment vas-tu?

— Oh, ça va.» La tristesse qui se lit dans ses yeux pleins de larmes dit tout à fait le contraire.

Un long silence se fait. Finalement, le visiteur se penche, sa mâchoire frôlant le visage du patient.

«Écoute Mike. J'ai besoin de toi au camp d'entraînement en juillet, sur le terrain, et prêt à foncer. Cette année, on va jusqu'au bout.»

DON SHULA

Mon but ultime pour tous les joueurs est de les amener à la meilleure performance possible, compte tenu des limites de leurs talents individuels. Si les entraîneurs peuvent obtenir la performance maximale de chaque joueur, l'équipe donnera vraiment tout ce qu'elle a à donner. Je sais de plus qu'il ne s'agit pas d'une simple question de mathématiques. Au contraire, lorsque l'équipe ne ménage pas ses efforts et que tous donnent un coup en même temps, il y a synergie et l'équipe devient beaucoup plus que la somme de ses parties. Sachant que la perfection ne peut s'obtenir qu'à partir du moment où les mécanismes deviennent automatiques, j'insiste beaucoup sur l'optimisation de l'apprentissage.

L'optimisation signifie que les joueurs sont tellement bien préparés pour un match qu'ils ont acquis les compétences et la confiance nécessaires pour produire des résultats hors de l'ordinaire. Mais par-dessus tout, l'optimisation, c'est-à-dire l'entraînement constant et un grand soin des détails, donne envie de se retrouver au centre de l'action. Lorsque les joueurs n'ont aucun doute sur ce qu'ils ont à faire ou comment ils doivent le faire, la pression les rend productifs. Ils se sentent d'attaque parce qu'ils veulent à tout prix que les choses tournent en leur faveur. Si le joueur est demi, il veut s'emparer du ballon. S'il est ailier, il veut qu'on lui fasse une passe : le secondeur, lui, veut faire le blocage ou le plaquage important. Je ne veux pas que mon demi défensif prie pour que le ballon soit envoyé à l'autre bout du terrain. Je veux qu'il désire que le ballon vienne vers lui.

Ce désir de se trouver au centre de l'action a caractérisé l'équipe championne de 1972. J'avais décidé d'utiliser en alternant Mercury Morris et Jim Kiick comme demis. Je pensais qu'avec certaines équipes, Mercury Morris serait un meilleur élément et qu'avec d'autres, Jim Kiick serait l'homme de la situation. Celui des deux qui n'avait pas joué autant que l'autre pendant un match se retrouvait immanquablement dans mon bureau le lundi suivant pour se plaindre de la situation. Ils voulaient le grand match; ils voulaient être là. Personne ne voulait se trouver sur les lignes de touche alors qu'il y avait de l'action sur le terrain.

Notre personnel travaillait fort auprès des joueurs pour leur apprendre à être fiers de leurs performances pendant l'entraînement, dans les pratiques, fiers de donner quotidiennement tout ce qu'ils pouvaient. Cela, la foule et les journalistes ne le voient pas. Pour certains joueurs, l'idée de viser la perfection pendant l'entraînement est difficile à concevoir. Très souvent, lorsqu'ils se présentent au terrain d'entraînement, les joueurs sont fatigués ou épuisés par le match de la semaine précédente. Et voici que je leur demande de maintenir le rythme et d'exceller dans leur jeu, tant mentalement que physiquement. Parfois, ces joueurs aimeraient bien se la couler douce. Ils se plaignent alors «qu'aucune autre équipe ne subit un entraînement aussi rigoureux» ou que «les autres équipes ne portent pas leur équipement de protection aussi souvent lors de l'entraînement». C'est bien vrai! Mais ce sont généralement ces équipes qui obtiennent des résultats décevants durant la saison.

La qualité du jeu reflétera le niveau de l'entraînement. Donc la meilleure chose est de toujours s'entraîner fort. Selon moi, il est crucial que les entraîneurs tout autant que les joueurs connaissent bien le fonctionnement du système d'optimisation, c'est-à-dire en comprennent les quatre composantes suivantes:

1. Limiter le nombre d'objectifs
2. Voir à ce que les joueurs maîtrisent parfaitement leurs tâches

3.   Réduire les erreurs des joueurs pendant l'entraînement.

4.   Viser l'amélioration continue.

La chose que je déteste le plus est un jeu raté. Vous savez, lorsque le centre passe le ballon au quart qui pivote sur sa gauche pour effectuer une remise intérieure et que personne ne se trouve là. Avec un peu de chance, on peut remettre le ballon dans la mêlée et n'avoir perdu qu'un essai. Mais habituellement, on se retrouve avec une perte de terrain. Et savez-vous quelle a été la cause initiale de ce jeu raté? Quelqu'un pensait trop à ce qu'il était censé faire. Le jeu avait été décidé pendant le regroupement de stratégie (caucus) mais le demi à l'attaque hésitait entre se déplacer légèrement vers la droite ou aller droit devant lui. Il se posait encore des questions quand le jeu a commencé et qu'il aurait dû être prêt à réagir. Il aurait dû connaître sa manœuvre par cœur de sorte qu'une fois le jeu armorcé, sa réaction aurait été automatique et il aurait ainsi gagné les sept mètres prévus.

KEN BLANCHARD

Le principe d'optimisation de Don Shula se base sur de très grandes attentes vis-à-vis les gens. Ces derniers fournissent habituellement le rendement attendu lorsqu'ils se trouvent devant des leaders, des directeurs, des entraîneurs ou des parents qui attendent beaucoup d'eux et qui éprouvent en même temps une confiance inébranlable à leur égard. Dans un article connu du *Harvard Business Review* intitulé «Pygmalion in Management», J. Sterling Livingston fait référence à la réplique d'Eliza Doolittle au colonel Pickering dans la comédie musicale *My Fair Lady*: «Vous voyez réellement, hormis ce que l'on sait déjà (la toilette, la bonne façon de parler, et ainsi de suite), ce qui fait la différence entre une dame et une roturière, ce n'est pas sa façon de se comporter, mais la façon dont les autres la traitent. Je serai toujours une roturière aux yeux du professeur Higgins parce qu'il m'a toujours traitée comme une roturière ; mais je sais que je peux également être une dame parce que vous m'avez toujours traitée en dame. »

J. Sterling Livingston a découvert que certains dirigeants traitaient leur personnel d'une manière qui les amenait à produire des performances élevées. Mais la majorité des dirigeants, à l'instar du professeur Higgins, aborde involontairement les gens de façon telle que ces derniers offrent une performance inférieure à celle qu'ils sont vraiment capables d'accomplir. La façon dont les gestionnaires traitent leurs employés est fortement influencée par ce qu'ils attendent d'eux. Si les attentes d'un gestionnaire sont élevées, la production sera probablement excellente. Si ses attentes sont basses, les résultats seront sûrement médiocres. C'est comme s'il existait une loi naturelle qui règle la performance d'une personne à la hausse ou à la baisse pour satisfaire les attentes de son patron. Mon épouse Margie m'a déjà dit qu'une des raisons pour lesquelles elle ne s'était pas retrouvée dans des situations fâcheuses pendant sa jeunesse est qu'elle savait ce que ses parents attendaient d'elle et qu'elle connaissait son rôle de modèle pour ses sœurs cadettes. Elle n'a jamais voulu décevoir ses parents.

S'il y a à votre service des employés dont vous n'avez pas une très haute opinion, il est de votre responsabilité de faire muter ces employés dans un autre service ou une autre équipe. Parce que même en faisant des efforts, vous avez de grandes chances de continuer de les traiter comme s'ils ne valaient rien. Et ils vous prouveraient à tout coup que vous aviez raison ! Je pose toujours aux gens la question suivante : « Étant donné le nombre important d'heures que vous passez au travail, préféreriez-vous passer ce temps à être extraordinaire ou simplement ordinaire ? » Que croyez-vous qu'ils me répondent ? Ils me crient : « Extraordinaire ! » Et pourtant, est-ce que la majorité des employés font des performances extraordinaires ? Bien sûr que non. Et la raison clé en sont les préjugés qui prennent naissance dans la tête des leaders, des directeurs, des entraîneurs et des parents, et qui finiront par se réaliser. Ces préjugés qui veulent que les individus soient paresseux, non fiables et irresponsables. Cette croyance les affecte dans leur façon de traiter autrui et détermine finalement la qualité de la performance des gens.

On peut alors comprendre pourquoi Don Shula a si bien réussi en encourageant les gens à donner le meilleur d'eux-mêmes. Son système d'optimisation exige un haut niveau de performance de la part des joueurs. Ses attentes vis-à-vis des entraîneurs – et même des arbitres – sont telles que tous étaient motivés à réaliser de bonnes performances. Il est toujours très exigeant pour lui-même autant que pour les autres. L'exemple le plus clair pour illustrer ce trait de caractère de Don Shula est l'attitude qu'il a eue envers Mike Westhoff, l'entraîneur des équipes spéciales, au moment où celui-ci était atteint du cancer.

L'ancien arbitre Art Holst soutient que ce qui différencie les grands entraîneurs (comme Don Shula, Landry et Vince Lombardi) des autres, c'est que leurs attentes envers leurs joueurs sont aussi élevées que celles envers eux-mêmes. « Don Shula sait déceler le talent et comment l'exploiter. Que les joueurs croient qu'ils en sont capables ou non, il peut pressentir comment un individu peut devenir un grand joueur. Il croit que le rôle d'un entraîneur est d'aider les joueurs à se rendre compte combien ils pourraient être bons ; et alors ils le deviennent. Don Shula a la même attitude envers les officiels. »

Jim Tunney a été officiel pour la LNF pendant 30 ans et il est maintenant à la retraite. Voici ce qu'il dit de Don Shula : « Don Shula exige tellement de lui-même et de ses joueurs que ses attentes sont également très fortes envers les officiels. Il s'attend à ce que vous soyez bien placé pour les décisions ; alors il veut vous voir bouger tout le temps. Il croit également que vous ne devriez pas prendre de décision si vous n'êtes pas bien placé pour le faire. Don Shula sait parfaitement dans quelle position vous devez vous trouver pour prendre chaque décision.

«L'entraîneur Don Shula exige de lui-même une concentration sans faille. Il travaille fort et s'attend à ce que ses gens en fassent autant. Il était très exigeant, même à l'époque où je souffrais d'un cancer. Je me suis présenté à un camp d'entraînement en béquilles et portant un appareil orthopédique et sans cheveux. Je devais souvent quitter le bureau pour aller vomir aux toilettes à cause des effets de la chimiothérapie. Un jour, alors que nous étions en réunion, Don et moi avons eu un différend à propos d'un botteur (il s'avéra par la suite que j'avais raison, le botteur n'était pas bon). Non seulement Don ne m'a pas surprotégé, mais il m'attaquait de toutes parts. Je savais que j'avais raison, mais il voulait s'assurer que j'avais fait mes devoirs.

Ce jour-là, j'ai été tellement concentré sur ce que je faisais que je n'ai pas été malade. Et le soir, j'ai été capable de manger un repas complet. À cette époque, je n'étais pas prêt à dire: «Merci», mais aujourd'hui je me rends compte que c'est parce que Don ne m'a pas traité comme un banni que j'ai travaillé si fort pour me prouver que j'avais raison et que je me suis senti tout à fait normal. Lorsque nous sommes allés jouer le dernier match de l'année contre les Stealers, l'appareil orthopédique que j'avais porté toute la saison se brisa. Je l'ai alors enlevé et ne l'ai jamais remis. Don Shula n'a jamais rien dit. J'ai fait mon travail d'entraîneur pendant toute la saison en me servant d'une canne. Je lui serai toujours reconnaissant de m'avoir aidé à développer la force mentale nécessaire pour être capable de fonctionner en faisant abstraction de l'état dans lequel je me trouvais; de fonctionner comme une personne normale, avec des responsabilités normales. Don Shula ne m'a jamais considéré comme un handicapé. Il voit ce que vous pouvez être, et non seulement ce que vous êtes.»

■ Mike Westhoff, entraîneur des équipes spéciales des Dolphins de Miami, a reçu une reconnaissance spéciale des joueurs des Dolphins pour son courage lors de la saison 1989. Cela lui a permis de se voir décerner par la LNF le prix Ed Block Courage Award.

La majorité des autres entraîneurs n'en ont aucune idée. Si vous prenez une décision en défaveur des Dolphins, et que vous n'êtes pas bien placé pour le faire, vous allez certainement vous le faire dire. Don Shula ira droit sur vous. Il a la réputation d'être dur avec les officiels mais je crois qu'il a deux bonnes raisons pour ça. Premièrement, Don siège sur le comité de règlements et connaît les règlements probablement mieux que tout autre entraîneur. Deuxièmement, il œuvre avec les officiels qui arbitraient les séances d'entraînement d'avant-saison. Il travaille fort auprès de ses joueurs pour leur apprendre à connaître les règlements et à savoir les respecter. Ainsi, lorsque le sifflet retentit pour annoncer une pénalité pour un joueur de Miami, Don Shula présume que l'officiel a dû faire une erreur car il sait très bien que ses joueurs ne feraient pas une telle faute de peur d'avoir à affronter sa colère. Est-il nécessaire d'en dire davantage sur les fortes attentes de Don Shula? Les gens font-ils de meilleures performances lorsqu'ils sont à ses côtés? Les résultats parlent d'eux-mêmes.

> «*Don Shula n'arrête jamais d'attendre le meilleur des autres. Nous pourrions avoir une avance de trois touchés-en-but dans un match avec seulement deux minutes à jouer qu'il irait encore à cent cinquante kilomètres à l'heure. Vous auriez envie de lui dire: «Hé, coach, ça va, nous avons gagné le match. Détendez-vous un peu.»*
>
> ■ Dan Marino
> Quart vedette des Dolphins

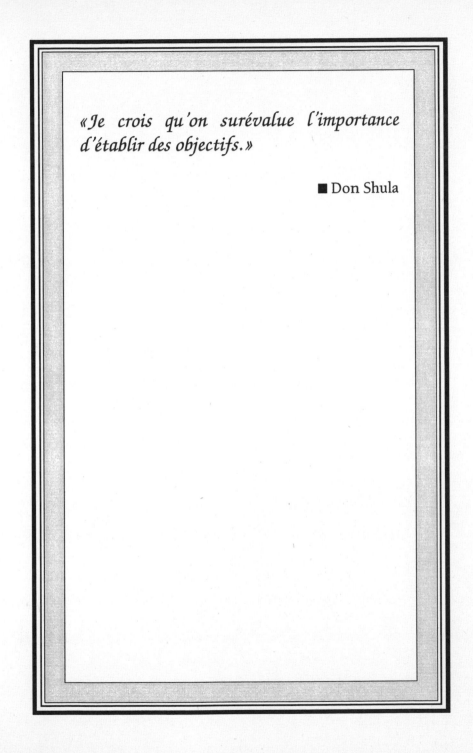

«Je crois qu'on surévalue l'importance d'établir des objectifs.»

■ Don Shula

Don Shula

Même s'il est important d'établir des objectifs, je crois que la majorité des organisations insistent trop sur ce point et ne veillent pas assez à ce qu'il faut faire pour atteindre ces objectifs. Je sais que cela est vrai dans le cas de la LNF. La majorité des équipes commencent leurs camps d'entraînement en même temps et leurs activités d'avant-saison par une réunion. Lors de cette rencontre, l'entraîneur-chef présente à l'équipe et aux entraîneurs la liste des objectifs qu'ils devront atteindre durant l'année. La plupart des entraîneurs disent à peu près la même chose: ils veulent se rendre aux finales et remporter le Super Bowl. Selon moi, ce qui est plus important que les objectifs en soi, c'est le suivi: la préoccupation des détails, l'exigence d'un entraînement parfait, et tout ce qui différencie les équipes gagnantes des équipes perdantes. Ce sont également ces éléments qui déterminent les entraîneurs qui réussiront et ceux qui seront congédiés. Voilà d'où vient l'importance d'un bon plan de match. Laissez-moi vous expliquer comment faire.

Sitôt le match terminé, mes entraîneurs et moi regardons la vidéocassette de la rencontre et en faisons l'analyse afin de pouvoir faire part de nos commentaires aux joueurs dès le lendemain. Pendant des années, j'avais l'habitude de donner congé aux joueurs le lendemain d'un match (habituellement un lundi). Mais depuis ces dernières années, je les fais travailler le lundi pour les raisons suivantes: (a) voir s'ils vont bien physiquement, s'ils n'ont pas de séquelles du match; (b) les faire courir un peu; (c) leur montrer la vidéo du match pour que chacun soit en mesure d'observer ce qu'il a fait et de déterminer ce qui pourrait être amélioré.

Le mardi est jour de repos pour les joueurs, mais une longue journée de travail pour les entraîneurs. C'est là que nous planifions et élaborons le plan de match pour affronter l'adversaire suivant. Après avoir étudié tout ce que nos adversaires ont fait dernièrement sur le plan défensif, nous déterminons les choix d'attaque qui auront le plus de chance de réussir contre ces formations défensives. Il nous arrive même d'inventer de nouveaux jeux. Tout cela est mis par écrit et devient un plan de match que l'on distribue aux attaquants. Nous procédons ensuite de la même façon pour les jeux de passe, les jeux au sol et les jeux spécialisés. Un plan de match hebdomadaire, qu'il soit d'attaque ou de défense, peut avoir plus de 30 pages. (Je ris lorsque je me rappelle mes débuts d'entraîneur à Baltimore alors que le plan de match des équipes spéciales remplissait à peine les deux côtés d'une feuille. Aujourd'hui, ce plan peut facilement dépasser 20 pages).

Lorsque les joueurs arrivent le mercredi, nous sommes prêts à leur expliquer notre plan de match et à concentrer notre énergie sur le prochain match. À partir de là, chaque jour a un but précis: le mercredi est consacré à l'attaque: nous parcourons avec les joueurs le plan d'attaque page par page. Nous ne voulons laisser aucun doute dans leur esprit sur nos intentions pour le match suivant. Une partie de ces informations est donnée devant toute l'équipe, mais l'essentiel est fourni par les entraîneurs adjoints qui sont responsables d'une zone particulière de l'attaque. Lorsque tous savent ce que nous avons à l'esprit, nous allons sur le terrain mettre le tout en pratique. Notre formation défensive joue le rôle de l'équipe adverse durant l'entraînement.

Le mercredi soir, nous nous préparons pour le jeudi en nous concentrant sur notre stratégie défensive. Nous parcourons le plan de match défensif de façon détaillée et le mettons en

96

application sur le terrain. C'est alors au tour de notre formation offensive de jouer le rôle de nos adversaires.

Après avoir répété ces manœuvres le jeudi, nous nous préparons pour le lendemain où l'accent est mis sur la zone verte, qui se situe à l'intérieur de la ligne de 20 mètres. Nous l'appelons la zone verte parce que c'est là que les équipes tirent profit des positions sur le terrain. Le vendredi, nous travaillons sur nos stratégies d'attaque et de défense dans cette zone de même que sur les jeux de botté. Le samedi est le jour de la répétition. C'est une séance plus tranquille où nous révisons tous nos jeux. Aucun

« Au fur et à mesure que s'améliore la technologie de l'information, les gestionnaires se raffinent, étant aptes à procéder à des analyses de plus en plus détaillées. Bien que cet avancement technologique puisse être rébarbatif pour certains, Don trouve cela tout à fait excitant. L'avancement de la technologie, particulièrement celle de la vidéo a amené des changements importants dans le travail d'un entraîneur de football. À ses débuts d'entraîneur, si Don remarquait, pendant une séance d'entraînement quelque chose dont il voulait se souvenir, il devait crier à quelqu'un sur les lignes de touche de prendre des notes. Maintenant, tout est enregistré sur vidéocassette, à la disposition de tout joueur, entraîneur ou adversaire qui voudrait la regarder. Croyez-vous comme Don que cette information accrue qui facilite la prise de décision représente un apport majeur? En l'écoutant décrire son plan de match, j'ai compris pourquoi il aime comparer un entraîneur-chef à un général se préparant pour la bataille. »

■ Ken Blanchard

joueur ne porte d'équipement de protection et il n'est pas question de se tuer à la tâche. C'est comme une répétition générale avant un spectacle. Et le spectacle a lieu le lendemain. Durant toute la semaine, nous modifions sans cesse le plan de match, ajoutant ou retirant des éléments, et lorsqu'arrive le match, il nous reste une courte liste des éléments que nous voulons vraiment conserver. On met ces plans dans des enveloppes que nous apportons avec nous sur les lignes de touche. C'est en exécutant notre plan de match que nos objectifs se réalisent. Le plan de match fournit les mécanismes permettant de canaliser nos efforts pour atteindre la perfection que nous visons: gagner chaque match. C'est ce qu'on appelle un vrai entraînement.

KEN BLANCHARD

Voilà une bonne description de la quantité incroyable de détails dont un entraîneur efficace et son équipe doivent se préoccuper pour gagner des matchs. J'ai rarement vu un tel niveau de préparation dans l'organisation d'autres entreprises. Par contre, j'ai souvent vu des gens non préparés tenter une vente sans s'être renseignés au sujet de leur client. J'en ai vu d'autres présider des réunions alors qu'ils avaient passé très peu de temps à étudier des stratégies pour atteindre leurs objectifs. J'ai entendu des parents se demander ce qu'ils pouvaient faire pour aider leurs enfants à réussir à l'école. Il semble que la façon américaine de gérer consiste à établir des objectifs puis à les classer (dans son esprit) pour les réviser uniquement lorsque le délai est dépassé et constater alors avec stupéfaction que les objectifs n'ont pas été atteints.

Il est bien sûr important d'établir des objectifs. À l'origine de toute bonne performance se trouve un objectif précis. Les buts indiquent la voie à suivre. Ils amorcent le processus de réalisation; mais c'est l'entraînement (l'observation et la supervision continues) qui fera la différence déterminante. Est-ce que l'entraînement et un suivi attentif peuvent vraiment faire une différence dans le monde des affaires? Vous avez intérêt à en être persuadé. Laissez-moi vous donner un exemple.

Bob Small, un ami de longue date, est le Don Shula de l'industrie hôtelière. Nous avons grandi ensemble à New Rochelle, New York. Au moment où Don Shula apprenait les rudiments du football en commençant au bas de l'échelle en tant que joueur, Bob, qui fréquentait alors l'école secondaire, était plongeur dans un restaurant de quartier. Lorsqu'il a décidé de se lancer dans l'hôtellerie, il a voulu en connaître toutes les facettes. Ses premiers emplois furent comme gérant des cuisines au Quatre Saisons de New York, puis responsable de la réception à l'hôtel cinq étoiles Biltmore en Arizona. Lorsqu'il fut prêt à gérer son premier hôtel, il rencontra Willard Marriott père, le fondateur de la chaîne Marriott. Bob Small plut immédiatement à monsieur Marriott qui, pour le mettre à l'épreuve, décida de l'envoyer ouvrir le premier hôtel Marriott en Europe, plus précisément à Amsterdam. Lorsque Bob Small eut mené à bien ce projet, l'hôtel jouissant d'une bonne cote en Europe, il s'associa à Willard Marriott pour la conception et la construction du Rancho Las Palmas de Palm Springs. Moins de cinq ans plus tard, Bob Small se voyait attribuer un cinq étoiles pour son hôtel. Après un court mandat de vice-président régional, Bob Small a quitté Marriott pour gérer le plan de redressement de l'hôtel Americana de Fort Worth au Texas, hôtel qui appartenait aux Bass Brothers. Une fois cette tâche accomplie, Bob Small s'est occupé de l'ouverture de tous les nouveaux hôtels de Disney World pour prendre ensuite la direction des hôtels Fairmont. L'hôtel Fairmont de San Francisco a été à nouveau coté « Trois-A diamant ».

Tout comme pour Don Shula, le succès de Bob Small n'est pas accidentel. Lorsqu'il prend la direction d'une opération, son plan de jeu est semblable à celui de Don Shula: chaque position est analysée, chaque client est étudié scrupuleusement. Chaque service développe son propre plan de match en vue d'atteindre la perfection que vise Bob Small: être un cinq étoiles, être le meilleur, être un modèle dans l'hôtellerie.

Pendant son cours de gestion hôtelière à l'Université Cornell, mon fils Scott interrompit ses études durant neuf mois pour faire un stage supervisé par Bob Small, au moment même où ce dernier mettait en pratique son plan de redressement de l'hôtel Americana. Scott parle de l'énergie générée par Bob Small lorsqu'il convoqua en réunion tous les employés pour leur annoncer que l'hôtel allait maintenant s'appeler l'hôtel Worthington, ce qui correspondait mieux à la vision qu'il avait de l'établissement. Chaque personne avait sur sa chaise un formulaire d'Engagement à l'Excellence qu'on leur demandait de signer. À la fin de la réunion, chacun remettait son engagement paraphé et recevait une épinglette cinq étoiles, symbole de leur objectif. (Chez Disney, Bob Small remit à chaque membre du personnel de l'hôtel une épinglette D.R.E.A.M. qui voulait dire «*Disney Resort Experiences Are Magic*»).

À l'instar de Don Shula, Bob Small ne rate jamais une occasion d'entraîner les gens. Il avait entendu dire que quelques employés allaient boire au bistro d'en face avec les clients. Il profita alors d'une réunion pour expliquer clairement aux employés que leur travail ne consistait pas à fraterniser avec les clients mais simplement à les servir. Cela n'empêcha pas certains employés d'aller boire avec des clients le lendemain de la réunion. Bob se rendit alors de l'autre côté de la rue et leur annonça qu'ils étaient convoqués à son bureau sans délai pour y recevoir leur dernier chèque de paye.

Pendant son stage, Scott occupa temporairement un poste à la réception. Lorsque sa période d'essai fut terminée, Bob évalua son travail. Il s'avéra que Scott était trop décontracté et nonchalant. Bob lui fit part de ses commentaires constructifs et ils se mirent d'accord pour que Scott fasse une autre période d'essai à la réception. Cet incident a beaucoup impressionné mon fils. Depuis ce jour, lorsque Scott me parle de Bob, il l'appelle monsieur Small.

Don Shula et Bob Small excellent dans leur travail. Si vous voulez faire comme eux, souvenez-vous de ceci: établir des objectifs permet seulement d'amorcer les bons comportements; c'est le suivi, c'est-à-dire la préoccupation des détails, la supervision et l'entraînement, qui amèneront les résultats souhaités. Comme le dit si bien Don Shula: «La destination peut être fantastique, mais c'est vraiment le trajet que l'on doit parcourir pour s'y rendre qui procure la plus grande joie.»

«Je veux que mes joueurs soient tellement habitués à leurs tâches qu'ils n'aient pas à s'inquiéter, au début d'un match, de ce qu'ils sont censés faire. Ils n'ont qu'à se laisser aller et faire ce qui sera nécessaire pour gagner le match.»

■ Don Shula

DON SHULA

Si les joueurs sont incertains des tâches à accomplir, ils auront tendance à hésiter au moment d'agir. Ils devraient être tellement habitués à leurs tâches que leurs réactions deviendront automatiques. C'est exactement comme pour la conduite automobile : vous n'avez pas à penser à ce que vos mains et vos pieds doivent faire ; ils le font automatiquement. Un joueur bien entraîné qui connaît ses tâches à fond peut se détendre ; il saura faire exactement ce qu'il faut au bon moment. C'est pourquoi le livre de jeu distribué à tous les joueurs au camp d'entraînement est si important. Tout ce qu'ils doivent savoir au sujet de leurs positions respectives s'y trouve. Pour un débutant, un joueur d'échange ou un joueur libre, cela signifie beaucoup de choses à apprendre. Alors nous sommes patients pendant la première semaine, mais dès la deuxième semaine, nous nous attendons à ce qu'ils connaissent leurs déplacements de base. C'est Paul Brown, mon premier entraîneur en tant que joueur professionnel, qui m'a appris le concept du livre de jeu.

Il est ainsi facile de prédire, avant un match, si la performance d'une équipe sera bonne ou non. Lorsque les joueurs travaillent vraiment de façon synchronisée, ils concentrent leur énergie et obtiennent de meilleurs résultats. Des questions à propos de ce ce qu'ils devront faire si telle ou telle situation se présente ne viennent pas troubler leur attention. Rien ne vient alors les détourner de leur but : la meilleure performance possible. C'est ce que j'appelle se placer sur pilote automatique.

Lorsque quelqu'un est dans cette disposition d'esprit, qu'il a réussi à automatiser ses gestes, il se forme dans son esprit une image mentale correspondant à tous les déplacements que son corps devra effectuer pour chaque jeu amorcé. Il n'a pas à y penser; il n'a qu'à refaire ce qu'il a vu et ressenti des milliers de fois durant l'entraînement. Son corps fera automatiquement les gestes appropriés, qui sont devenus des réflexes. Son esprit peut alors aller de l'avant, anticiper les occasions de provoquer quelque chose d'important.

Pour le spectateur, il est facile de constater cette situation de fait en observant les manœuvres du quart. Lorsque Dan Marino s'empare du ballon, il n'a pas besoin de penser à ce qu'il doit faire. Il est donc à l'affût du danger et peut l'éviter, souvent juste à temps pour faire une passe. Cependant, pour que la stratégie de Dan Marino réussisse, il faut que les receveurs soient dans les mêmes dispositions d'esprit que lui. Ils doivent connaître leurs tracés par cœur, de manière à pouvoir se concentrer pour attraper le ballon, même en pleine mêlée.

Ken Blanchard

Le concept de «pilote automatique» est important non seulement dans le domaine sportif mais dans de nombreux autres domaines, comme par exemple celui de l'art oratoire. Lorsque je me suis vraiment bien préparé, je me sens capable d'improviser et d'être créatif et cela améliore beaucoup ma conférence. Et c'est possible parce que je n'ai pas à m'inquiéter de ce que je dois dire. Lorsque vous en venez à atteindre de tels niveaux de préparation, vous n'avez plus besoin d'un entraîneur pour vous dire quoi faire. Vous pouvez être votre propre guide. Être capable de fonctionner sous pilote automatique vous libère et vous permet d'accomplir de hautes performances.

Selon Tim Gallway, auteur du livre *The Inner Game of Golf*, la performance est le résultat du talent moins les interférences. Par «interférences», il entend le discours interne qui vient encombrer l'esprit du golfeur durant sa prestation: «Garde la tête basse! Surveille ton bras gauche! Termine ton mouvement!» Devoir se concentrer sur les gestes mécaniques immobilise le golfeur. Et il en est de même dans le monde des affaires. Par conséquent, vous devez afficher la même ténacité que Don Shula en orientant les gens sur leurs tâches.

Lorsque je dirige des séances devant des centaines de personnes provenant de diverses sociétés, je leur demande souvent combien d'entre elles possèdent un programme d'orientation bien structuré. Moins de 10 % lèvent la main. Faut-il se demander alors pourquoi ces sociétés n'obtiennent pas les comportements ou les performances souhaités? Chez Disney, tout le monde doit suivre pendant deux jours un programme supervisé portant sur les traditions de Disney. Le premier jour de formation, on présente aux employés des extraits de films sur Walt Disney et son rêve d'avoir un empire. Ensuite, on leur fait faire des jeux et des concours ayant pour but de leur faire connaître l'historique de Disney. Durant les trois demi-journées suivantes, ils apprennent les valeurs inhérentes à la société et la façon de les mettre en application.

Les valeurs de beaucoup de sociétés sont souvent tellement vagues que personne ne sait sur quoi porter son attention, et encore moins comment ces valeurs pourraient se concrétiser dans leur travail. Disney ne prend pas de risque à ce niveau. Lorsque vous demandez aux gens qui ont visité le parc Walt Disney ce qui les a le plus marqués lors de leur séjour, ils vous répondront que c'est la propreté du parc et l'amabilité du personnel. Les valeurs qui ont amené ces résultats ont été transmises aux employés grâce au programme de formation et au suivi lors de leurs premières journées de travail. Vous avez peut-être remarqué que lorsqu'un employé de Disney voit un bout de papier par terre, il le ramasse automatiquement. Cela n'est pas un hasard. La propreté est une des valeurs fondamentales de Disney et lorsque les chefs donnent eux-mêmes l'exemple, en participant à l'entretien du terrain, il faut peu de temps aux employés pour adopter le même comportement. Si vous faites remarquer à un employé qui vient de ramasser un papier qu'il a une bonne habitude, il vous répondra: «Je ne m'en rends même plus compte; c'est un geste qui devient automatique chez tous les membres de l'équipe Disney.

Pourquoi le concept de pilote automatique est-il si utile dans le monde des affaires? Parce qu'il amène les employés à agir d'eux-mêmes selon les valeurs, les buts et les critères de leur société. Ils n'ont pas à s'interroger constamment sur ce qu'ils doivent ou ne doivent pas faire, ce qui leur laisse du temps pour exprimer leur créativité. C'est exactement ce que Don Shula recherche avec ses joueurs. Il n'aura besoin de diriger personne si chacun se dirige lui-même. Il veut que tous ses joueurs connaissent si bien leur tâche qu'ils n'auront pas besoin de penser aux gestes mécaniques; ils n'auront qu'à passer à l'action. Il en est de même pour son personnel. Ryan Vermillion, entraîneur-chef des Dolphins, m'a dit ceci: «L'entraîneur Don Shula met de la pression sur son personnel dès le départ. Lorsque je suis arrivé ici, il était sur mon dos à tout propos. On aurait dit qu'il surveillait chacun de mes gestes. J'ai trouvé cela difficile. Il me testait constamment; il voulait voir comment je réagissais à la pression et s'il pouvait se fier à mon jugement. Il sait maintenant qu'il peut me laisser seul et que le travail sera bien fait. Don Shula entraîne son personnel pour qu'il soit efficace et s"assure ainsi de sa fiabilité.

> *«Un jour, mon épouse et moi avions été invités à l'entraînement des Celtics de Boston précédant leur match contre les Lakers à Los Angeles. Je me souviendrai toujours de la réponse que me donna l'entraîneur K.C. Jones lorsque je lui demandai: «Comment peut-on entraîner des vedettes comme Larry Bird, Kevin McHale et Robert Parrish?*
>
> *"Je lance simplement le ballon et une fois de temps en temps, je crie: "Vas-y!"*
>
> *Voilà ce qu'on appelle le summum de l'autogestion.»*
>
> ■ Ken Blanchard

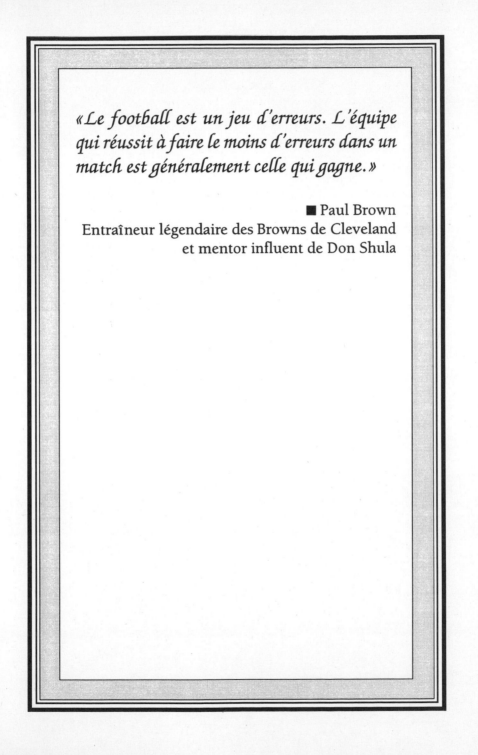

« *Le football est un jeu d'erreurs. L'équipe qui réussit à faire le moins d'erreurs dans un match est généralement celle qui gagne.* »

■ Paul Brown
Entraîneur légendaire des Browns de Cleveland
et mentor influent de Don Shula

DON SHULA

Pour moi, un match de football ne se termine pas quand le temps de jeu est écoulé. Il prend fin le lundi suivant, après avoir analysé chaque jeu pour en tirer des leçons. Une fois que nous avons établi un plan de match basé sur cette analyse, notre objectif est de réduire le nombre d'erreurs durant l'entraînement. Si nous y arrivons, nous augmentons nos chances de jouer un match sans erreurs. Nous ne pouvons espérer bien jouer le dimanche si nous sommes entraînés avec nonchalance durant la semaine sans avoir insisté sur la technique et la perfection. C'est la seule façon de devancer les concurrents. Chaque erreur doit être notée et corrigée sur-le-champ. La plus petite erreur ou imperfection ne doit pas être négligée. Si un joueur fait une erreur, un des membres du personnel le sifflera immédiatement, le corrigera et le fera recommencer.

KEN BLANCHARD

La plupart des gens considèrent l'échec comme quelque chose de mauvais. Un de mes amis m'a donné une nouvelle

Paul Brown est persuadé que c'est l'équipe qui fait le moins d'erreurs qui gagne, et sa conviction s'applique sûrement à la saison parfaite des Dolphins en 1972. Le secondeur vedette, Nick Buoniconti, constata avec fierté que l'équipe défensive de cette année fut celle qui commit le moins d'erreurs dans toute la ligue de football. Vous pouviez compter sur les doigts d'une seule main leurs erreurs de jugement durant toute la saison. Les joueurs ne faisaient tout simplement pas d'erreurs. Ils étaient fiers d'être appelés «La défense sans nom»; ce qui voulait dire qu'ils étaient d'abord et avant tout une équipe.

définition de l'échec: «L'échec, c'est réussir à trouver ce que vous ne voulez pas répéter.» Dans le monde des affaires, on a tendance à s'orienter sur l'événement. On passe d'une crise à l'autre sans s'arrêter vraiment sur ce qui s'est passé. Cela nous mène au refus, nous avons tendance à ignorer les erreurs plutôt qu'à leur faire face. C'est comme un golfeur qui frappe un mauvais coup de départ et qui n'ose pas regarder la balle s'enfoncer dans le bois. Mais comment peut-on espérer s'améliorer si on n'accepte pas d'apprendre de ses erreurs? Je connais une société qui souligne les erreurs par un tir de canon. Le message n'est pas qu'ils aiment faire des erreurs, ils annoncent plutôt qu'il est temps pour tout le monde de tirer une leçon de cette erreur pour ne plus qu'elle se reproduise.

Autrefois, la règle d'or des affaires était: «Quand c'est fini, c'est fini.» La nouvelle règle devrait être qu'un événement n'est pas terminé tant qu'il ne vous a rien appris. Les cadres des entreprises devraient développer leur intérêt pour ce qui ne fonctionne pas. Si, à l'instar de l'entraîneur Don Shula, vous consacrez une partie de votre temps à éliminer les erreurs pendant l'entraînement, vous éliminerez en même temps les éléments de doute. La méthode de Don Shula pour minimiser les erreurs se fait l'écho d'un plan en 5 étapes que j'ai moi-même utilisé au fil des ans:

1. Dites aux gens ce que vous attendez d'eux.
2. Donnez-leur des exemples de ce qu'est une bonne performance.
3. Laissez-les essayer.
4. Observez leurs performances.
5. Encouragez les progrès ou réorientez les efforts.

Beaucoup de gestionnaires oublient la quatrième étape: *l'observation*. Ils donnent des directives puis disparaissent. Si vous n'êtes pas à proximité pour regarder ce qui se passe, vous n'aurez pas l'information nécessaire à la cinquième étape: *cons-*

tater leurs bonnes performances ou réorienter leurs efforts. Je me trouvais récemment dans un restaurant McDonald's où il m'a été donné d'observer un entraîneur efficace à l'œuvre: J'avais commandé un Big Mac et un soda. La jeune femme qui me servait me proposa alors: «Un chausson aux pommes avec ça?»

J'approuvai en lui disant:«J'attendais que vous me le proposiez.»

Comme elle se tournait pour préparer ma commande, je remarquai un jeune homme qui la suivait. Je l'entendis dire: «Beau travail. C'est exactement ce dont nous parlions plus tôt. Continue comme ça.» De toute évidence, la chaîne McDonald's encourageait ses employés à promouvoir la vente et leur montrait l'impact sur l'addition de chaque client. Mais ce qui m'a le plus impressionné, ce fut de constater que le gérant se tenait à proximité, prêt à observer. L'affirmation et la réorientation sont les points forts de Don Shula et de son personnel. On ne peut laisser la performance au hasard. En tant qu'entraîneur, si vous laissez passer des erreurs sans les corriger, vous pouvez être certain qu'elles se reproduiront plusieurs fois.

Alors que je me trouvais au camp d'entraînement des Dolphins, j'observai Joe Greene en train de travailler avec Tim Bowens. Premier choix au repêchage de 1994 pour Miami, Tim était un plaqueur de 145 kilos venu d'Ole Miss, qui n'avait joué qu'une seule année dans une équipe collégiale. Il avait beaucoup à apprendre, mais Don Shula et son personnel savaient qu'il avait le potentiel pour devenir un grand joueur. Joe le surveillait toujours de près. Lorqu'ils pratiquaient le blitz du quart, Joe observait Tim comme un faucon sa proie. Tim Bowens possédait une force spectaculaire et il fallait presque deux attaquants pour le maîtriser. Joe essayait de mettre l'accent sur l'importance de maintenir une position penchée pour garder son centre de gravité le plus bas possible. Une fois, alors que Tim Bowens se tenait trop droit, un joueur de la ligne d'attaque, beaucoup plus petit que lui, l'a plaqué et jeté par terre. Joe se tordit de rire. Il alla ensuite aider Tim Bowens à se relever et lui dit: «Tu as vu ce qui se passe quand tu te tiens trop droit?» La fois suivante, Bowens avait ajusté sa position. Il traversa la ligne et il aurait pu plaquer le quart s'il s'était agi d'un vrai match. «C'est ça!» cria Joe Greene. C'est ce genre de surveillance qui a permis à Tim Bowens d'être nommé le joueur défensif recrue de l'année par The Associated Press.

Dave Barry, du Miami Herald, décrit le scénario cauchemardesque suivant: «Vous vous trouvez au supermarché, à la caisse rapide réservée aux clients ayant 10 articles ou moins. Vous avez 11 articles et tout à coup vous vous apercevez que c'est Don Shula qui tient la caisse.»

Don Shula

Les gens disent de moi que je suis une personne intense. Je ne saurais être autrement. Je crois en ce que je fais et j'ai le courage de mes convictions. J'exige la discipline et je dis toujours ce que je pense. J'admets que cela n'a pas toujours été à mon avantage, mais au moins, je ne garde rien pour moi. Je crois que je n'ai pas peur de me laisser aller parce que je veux utiliser cette énergie pour provoquer des réactions émotives. Le football se joue avec les tripes. Je veux que mes joueurs soient surexcités le jour du match. Je ne voudrais jamais entendre dire à la fin d'un match que nos adversaires étaient plus excités que nous ou qu'ils avaient plus envie de gagner que nous.

Le 2 octobre 1994, j'ai eu l'occasion de jouer contre mon fils David qui était alors entraîneur pour les Bengals de Cincinnati. C'était la première fois dans le monde du sport qu'un père et un fils, tous deux entraîneurs, allaient s'affronter. Ce fut une journée très spéciale dont je me souviendrai toujours. C'est avec joie que j'ai accueilli la fin du match ainsi que notre victoire. Ma conjointe, Mary Anne, était la seule de ma famille, partisane des Dolphins. Mes enfants, eux, sentaient que David avait davantage besoin de cette victoire que moi. Au fond de mon cœur, j'étais sûrement d'accord avec eux, mais j'étais responsable des Dolphins. Je ne pouvais laisser des sentiments personnels entrer en jeu. J'ai toujours voulu voir mon fils obtenir le plus de victoires possible, mais ce dimanche-là, ce n'était pas le cas.

Le jour où je cesserai d'être nerveux ou anxieux avant un match, le temps sera venu de me retirer. Dans ce domaine d'activité, lorsque vous commencez à tenir les choses pour acquises, il se trouvera quelqu'un d'autre pour travailler plus fort que vous; et c'est ainsi qu'il s'assurera la victoire, simplement parce qu'il aura été un peu plus anxieux que vous.

KEN BLANCHARD

Lorsque je travaille avec un cadre supérieur, la première chose que je vérifie est son degré de participation à l'ensemble de l'entreprise. S'il démontre de la passion et de l'intensité, je sais que son souci et son désir sont que son entreprise soit la meilleure possible. Mais s'il semble distrait et ne sait pas exactement ce qui se passe dans son entreprise, je peux tout de suite affirmer que ses employés ne doivent pas être animés par une intense désir d'exceller. Au fil des ans, notre société a beaucoup œuvré auprès d'organisations dirigées par Marvin Runyon, actuellement ministre des Postes aux États-Unis. Quel que soit l'endroit où Marvin Runyon se trouvait, sa passion était de rendre l'organisation plus efficace. Il était comme cela lorsqu'il travaillait pour Nissan et pour le « Tennessee Valley Authority » avant de prendre en charge le ministère des postes. Il y a quelques années, après avoir fini de rédiger avec Sheldon Bowles *Raving Fans*, un livre sur le service à la clientèle, j'ai voulu en faire parvenir un exemplaire à Marvin Runyon. J'ai alors demandé à ma secrétaire, Eleanor Terndrup, de lui faire parvenir un exemplaire le plus rapidement possible. Eleanor a expédié le livre, destiné au ministre des Postes par Federal Express, sans même penser que le service postal pouvait être tout aussi rapide. À ce que l'on m'a dit, lorsque mon paquet a été livré, non seulement Marvin Runyon ne l'a pas ouvert, mais il l'a envoyé valser de son bureau dans le couloir.

Lorsque j'ai appris ce qui s'était passé, j'ai immédiatement téléphoné à Marvin pour m'excuser. Il était en route pour l'aéroport, mais sa secrétaire m'a donné le numéro de téléphone de sa voiture. Lorsque j'ai réussi à le joindre, je lui ai dit: « Marvin, je te dois des excuses pour t'avoir expédié mon nouveau livre sur le service à la clientèle par Federal Express.» En entendant ça, Marvin Runyon se mit à rire. «J'ignorais qu'il s'agissait d'un livre sur le service à la clientèle! Maintenant Ken Blanchard, je tiens une bonne blague à ton sujet!» Depuis lors, Marvin Runyon raconte cette histoire chaque fois qu'il parle de service à la clientèle dans ses conférences à travers le monde.

L'intensité se retrouve au centre de plusieurs histoires concernant Don Shula. J'affectionne particulièrement celle qui raconte ce qui se produisit, il y a de cela quelques années, dans le vestiaire des Dolphins après un match contre les Jets de New York. Les Dolphins avaient gagné, mais Don Shula n'avait pas été satisfait de leur jeu. Il avait quelques mots à leur dire. (Mel Philipps, entraîneur au champ arrière, m'a dit: «Don est parfois plus dur avec son équipe après une victoire qu'après une défaite. Il sait que l'équipe se sent forte lorsqu'elle vient de gagner, ce qui n'est pas le cas après un revers»). En entrant dans le vestiaire pour s'adresser aux joueurs, Don Shula aperçut quelqu'un qu'il ne connaissait pas. Il s'écria: «Nom de Dieu, mais qui c'est celui-là?» Quelqu'un répondit: «C'est un écrivain.» «Qu'on le sorte d'ici!» ordonna Don Shula. Et c'est ainsi que James Michener quitta le vestiaire des Dolphins.

Plus que jamais, l'intensité est un facteur primordial dans le monde des affaires. L'important n'est pas seulement d'être intense, mais d'arriver à concentrer cette énergie sur les choses importantes. L'autre jour, je prenais l'ascenseur de l'hôtel, il s'est arrêté à l'étage et l'un des gérants de l'hôtel est monté. De toute évidence, ce gérant était très pressé, plongé dans une pile de dossiers qu'il se dépêchait d'aller livrer à quelqu'un. Je lui demandai: «Ce doit être là des documents très importants?» «Oh, non» répondit-il. «Ils sont urgents, mais pas importants.» Pouvoir développer cette capacité de distinguer ce qui est urgent de ce qui est important exige un bon jugement. Charlie Morgan raconte: «Don Shula travaille fort, mais de façon intelligente. Il est passé maître dans l'art de déléguer. Pendant un match, vous

Bien que Don Shula soit prompt à se fâcher, il sait aussi comment oublier sa colère. Il ne s'appesantit pas sur les choses. L'arbitre Art Holst dit ceci: «Pour Don Shula, quand un match est fini, il est fini. À ma connaissance, il ne lui est jamais arrivé de déclarer à la presse que les officiels lui avaient fait perdre le match.» Don Shula n'aime pas se trouver des excuses. Si la décision sévère d'un arbitre défavorise son équipe et entraîne la victoire de l'adversaire, il en conclura que son équipe aurait dû être mieux préparée pour pouvoir s'assurer une plus grande avance.

pouvez voir tous ses entraîneurs courir dans tous les sens, les écouteurs sur les oreilles, alors que Don Shula, immobile et les bras croisés, se concentre.»

Adaptabilité

«Don Shula croit que l'adaptabilité est primordiale pour un entraîneur. Selon lui, il faut être prêt à modifier un plan de match aussitôt qu'il devient inefficace. Pour pouvoir s'adapter, il faut avant tout être bien préparé. Toutes les situations doivent être étudiées attentivement et les réactions planifiées à l'avance. C'est pour parer à toute éventualité que Don Shula se pose toujours la question: «Et si...?» Ainsi, ni ses joueurs ni lui ne sont pris au dépourvu lorsqu'un changement se produit. Un plan de match rigide peut s'avérer fatal dans l'issue d'un match, tout comme un plan organisationnel inflexible peut être préjudiciable à une entreprise.»

■ Ken Blanchard

«*Lorsque je suis confronté à des situations indépendantes de ma volonté, je ne me laisse pas aller au découragement. Si j'affichais des signes d'inquiétude, toute mon équipe perdrait courage. Je me concentre plutôt sur ce qui va suivre. Alors, si Bob Griese se fracture une cheville, nous préparons immédiatement Earl Morrall et nous l'envoyons sur le terrain.*»

■ Don Shula

Don Shula

À mon avis, la réussite dépend en grande partie de la préparation. Je veux des joueurs prêts à affronter toutes les situations. Être bien préparé signifie être en mesure de modifier le plan de match en tout temps. Comme un commandant sur un champ de bataille, il me faut du cran pour prendre les décisions nécessaires à la victoire. Je travaille toujours en suivant un plan établi à l'avance, mais je dois pouvoir anticiper l'inattendu et modifier ce plan lorsque cela s'impose. Je dois pouvoir effectuer des modifications en fonction des circonstances et ce, même à la toute dernière minute. Avant la tenue d'un match, j'ai souvent vu des entraîneurs parler avec assurance de leur victoire. Ils vendaient la peau de l'ours avant de l'avoir tué. Je n'agis jamais de la sorte. Du début de l'affrontement jusqu'à la toute fin, mes entraîneurs doivent se tenir prêts à effectuer des changements.

Il est désolant de se rendre compte, après un match, des changements qu'on aurait pu effectuer

> « Durant leur saison parfaite, les Dolphins avaient recours aux services de Larry Seiple, un excellent botteur de placement. Don Shula informa Larry Seiple qu'il pouvait choisir de courir avec le ballon à sa guise, à condition d'être certain d'obtenir un premier jeu. Lors du match du championnat AFC les opposant à Pittsburgh, Don Shula fut surpris de voir Larry feindre le botté au quatrième essai et courir les 33 mètres qui permettaient aux Dolphins d'inscrire leurs premiers points. Au départ, voyant Larry Seiple se mettre à courir avec le ballon, Don Shula s'écria: "Non! Non! Non!" Mais lorsqu'il s'aperçut que Larry Seiple allait s'en tirer, il se reprit en criant: "Go! Go! Go!" C'est ce qu'on appelle s'adapter à la situation. »
>
> ■ Charlie Morgan

pendant le jeu. Il faut savoir les faire au bon moment et rapidement. Ainsi, pendant une rencontre, si le quart ou le capitaine défensif voient les adversaires exécuter une manœuvre inattendue, ils doivent aviser immédiatement les joueurs d'un changement de stratégie. Et cette nouvelle stratégie n'est pas inventée à la dernière minute; les joueurs l'ont déjà pratiquée lors des séances d'entraînement. Mes joueurs doivent savoir s'adapter aux changements, ils doivent être prêts à changer non seulement un jeu ou une formation mais également un plan de match si nécessaire.

Il faut parfois faire preuve de beaucoup de courage et d'ingéniosité pour modifier un plan de match. L'exemple qui suit le démontre. En 1994, alors qu'il ne restait que 38 secondes dans le deuxième match contre les Jets, Dan Marino avait fait semblant de se débarrasser du ballon. Cette feinte était quelque peu improvisée, mais nous l'avions déjà pratiquée pendant l'entraînement. Bernie Kosar, le quart de réserve recruté à Dallas, avait mis cette stratégie au point à Cleveland et à Dallas. Il faut

«Des situations indépendantes de votre volonté peuvent se présenter en tout temps. Par exemple, un joueur clé peut se blesser et cela vous obligera à modifier non seulement un jeu spécifique, mais le plan de match en entier. En 1965, alors que j'étais entraîneur pour les Colts de Baltimore, notre quart vedette, Johnny Unitas, et notre quart de réserve, Gary Cuozzo, tous deux d'excellents passeurs, s'étaient blessés. Et comme l'équipe n'avait pas d'autres quarts, j'ai dû faire jouer Tom Matte, un demi, à la position de quart pendant les finales. Tom avait acquis une certaine expérience en jouant à cette position pour l'équipe d'Ohio, mais vu qu'il suivait la méthode de Woody Haye (gagner le match à coups de trois mètres au sol), il jouait davantage comme un demi bloqueur. J'avais alors modifié le plan de match en fonction des talents de Tom Matte pour la course, et la stratégie avait fonctionné. Comme Tom ne connaissait pas par cœur les jeux du quart, nous les avions écrits sur ses bracelets de force. Nous gagnâmes un match important contre les Rams de L.A., et du même coup une chance de participer aux finales de la division de la Section Ouest contre Green Bay. Un des fameux bracelets de Tom Matte est maintenant exposé au Temple de la Renommée de Canton, en Ohio. L'autre est dans mon bureau.»

■Don Shula

bien choisir le moment pour provoquer cet arrêt légal du temps. Un moment où les joueurs de l'équipe adverse s'attendent à cet arrêt puisqu'ils entendent notre quart crier : « Temps ! Temps ! Temps ! » pour signaler à ses joueurs qu'ils doivent se préparer à le protéger. Ceci arrête momentanément le décompte

> « *Don Shula écoute d'abord les conseils qu'on lui donne puis il prend une décision qu'il met à exécution sans regarder en arrière. Les entraîneurs qui remettent sans cesse leurs décisions en question finissent par s'épuiser au travail ; et les joueurs ont plus de respect envers un entraîneur qui n'hésite pas à prendre des décisions. Ils se sentent confiants devant un leader qui dirige l'équipe avec assurance.* »
>
> ■ Joe Greene

du temps et permet à l'équipe de déterminer sa prochaine stratégie.

Dans le match contre les Jets, le moment est propice : il ne reste que 38 secondes de jeu, et nous avons encore droit à un temps mort. Bernie avertit Dan Marino de la manœuvre et celui-ci crie : « Temps ! Temps ! Temps ! » tandis que les secondeurs se préparent à bloquer. Dan établit alors un contact visuel avec Ingram, le receveur du côté droit. Il s'empare ensuite du ballon, recule calmement, regarde au sol et fait la passe à Ingram qui effectue le touché victorieux. Les Jets, qui se préparaient alors à un arrêt du jeu, ont été pris par surprise. Tout avait marché à merveille.

Même durant la saison parfaite de 1972, d'importants changements ont dû être effectués à plusieurs reprises. Dès la cinquième semaine de jeu, Bob Griese se blessait à la jambe et mettait fin à sa saison. J'avais alors misé sur Earl Morall, le quart vétéran qui avait joué sous ma gouverne à Baltimore. Je ne fus pas déçu. Il nous permit de remporter 11 victoires consécutives qui assurèrent notre participation au Super Bowl contre les Redskins de Washington. C'est alors que je me suis retrouvé face à un dilemme, car Bob Griese, rétabli de sa blessure, était prêt à reprendre le jeu. Qui devais-je choisir comme quart pour le premier affrontement contre les Redskins? Je ne suis pas de ceux qui reculent devant les décisions difficiles. Je choisis alors de faire jouer Bob Griese. Lorsque j'en informai Earl Morall, il me répondit: «Si tu as besoin de moi, je serai prêt.» Nous sortîmes victorieux du Super Bowl et je dois féliciter Earl Morall pour son attitude exemplaire et sa distinction.

Depuis mon arrivée à Miami, en 1970, on a noté que nos équipes avaient une moyenne de 28-8 dans les matchs de saison où l'on devait utiliser un quart de réserve dès le début du match. Devoir recourir aux services d'un quart de réserve oblige souvent à prendre des décisions difficiles. Ce fut le cas lors de la rencontre du 14 novembre 1993 où nous avons battu un record alors que nous affrontions l'équipe de Philadelphie. Le quart Dan Marino avait été exclu de la saison et le quart de réserve, Scott Mitchell, qui nous avait menés à 5 victoires consécutives, s'était blessé à l'épaule au début de la deuxième demie. Le seul quart disponible était Doug Pedersen, qui n'avait jamais effectué de lancers dans un match de la LNF. Nous avions alors rapidement modifié notre plan de match pour effectuer des jeux au sol, laissant ainsi l'issue du match entre les mains de la formation défensive.

Dough Pedersen raconta aux journalistes à quel point cela lui avait paru invraisemblable qu'un joueur comme lui soit quart lors d'une rencontre si importante: «Vous savez, il a entraîné des joueurs comme Johnny Unitas et Dan Marino. Je me demande ce que je fais ici aujourd'hui!»

Je ne vois pas pourquoi on devrait suivre un plan de match qui ne fonctionne pas. Je ne prétends pas par ailleurs pouvoir faire la pluie ou le beau temps. Je me contente d'être constamment à l'affût d'informations qui me permettront de prendre de meilleures décisions. Je m'assure également que mes coordonnateurs et mes adjoints se sentent responsables de leurs zones et communiquent avec leurs joueurs. Ils doivent également me transmettre toute information pertinente acquise au cours des séances d'entraînement hebdomadaires et durant les matchs. Je les écoute attentivement et une fois bien informé, je prends mes décisions.

KEN BLANCHARD

S'adapter aux changements signifie réagir rapidement et faire au bon moment les choses que l'on sait déjà faire. Les gens d'affaires doivent savoir s'adapter car dans le monde d'aujourd'hui, tout est en perpétuel mouvement. Dans son livre *Managing as a Performing Art*, Peter Vaille compare les

> «*Mercury Morris a fait ce commentaire inusité à propos de la faculté d'adaptabilité de Don Shula: «En 1970, deux ans après l'assassinat de Martin Luther King, Don Shula apporta des peignes et du gel Afro dans les vestiaires, alors qu'on n'y avait toujours trouvé que du Vitalis et du Brylcreem. Il essayait de se rapprocher de ses hommes. C'était un geste sincère. Don Shula a su s'adapter aux époques et à ses gens. C'est pourtant le même homme qui, à un certain moment, croyait qu'on ne pouvait porter la barbe si on avait encore tous ses cheveux. Comme s'il était inacceptable que la pilosité soit apparente de la tête au menton. Aujourd'hui, on peut voir dans son équipe Louis Oliver porter des boucles d'oreilles à peine plus petites que le cerceau d'un panier de basket-ball.*»
>
> ■ Miami Herald, 15 novembre 1993
> édition spéciale sur Don Shula

turbulences rencontrées dans le monde des affaires à une rivière tumultueuse. Il dit que nous devons apprendre à vivre dans une eau toujours bouillonnante. Comment pouvons-nous former des gens qui réussiront à naviguer dans des eaux constamment agitées? En les préparant au changement, tout comme le fait Don Shula. Commencez par donner aux gens un plan de la rivière en prévoyant et en identifiant les obstacles. Assurez-vous d'avoir l'équipement nécessaire tout en évitant de trop vous charger. Devenez, comme Don Shula, une personne qui se demande toujours: «Et si...». Don Shula sait ce qu'il a en main, mais il est constamment en train d'imaginer de nouveaux scénarios: «Et si Johnny Unitas se blessait? Et Gary Cuozzo aussi? Ou Bob Griese? Ou Dan Marino? Et, Dieu m'en garde, Scott Mitchell aussi? Cette habitude qu'a Don Shula d'anticiper les problèmes joue grandement en sa faveur. Il a bien réagi lorsque chacune de ces situations s'est effectivement présentée. Lorsqu'il se trouve devant une situation qu'il a déjà envisagée, il n'a pas à improviser une solution puisqu'il sait déjà quoi faire. Par contre, si quelqu'un est pris au dépourvu par une situation inattendue et qu'il n'a pas le temps de l'évaluer comme il faut, il risque de prendre de mauvaises décisions. Don Shula fait en sorte que cela ne se produise jamais.

On voit souvent des organisations élaborer des organigrammes très structurés où chacun est bien campé dans son poste. Cela emprisonne le personnel dans un plan rigide soumis à des règles inflexibles et empêche l'organisation de réagir rapidement face à une nouvelle situation et de s'adapter facilement aux changements. Seules les sociétés qui ont une grande faculté d'adaptabilité ont une chance de progresser. Je vous donne pour exemple ce que m'a raconté mon collègue, Tom Cullen, enseignant à l'Université Cornell. Il dînait dans un grand restaurant en compagnie d'une famille comprenant un garçon de 13 ans et deux autres enfants plus jeunes. Lorsque le serveur leur apporta trois menus pour enfants, le plus vieux se sentit insulté. Le serveur attentif sut lire le langage non-verbal de l'adolescent et lui apporta rapidement un menu pour adultes.

Les deux plus jeunes enfants commandèrent les macaronis au fromage proposés sur le menu pour enfants. Le repas servi, ils jouèrent avec les macaronis mais mangèrent peu. Tom goûta leur plat et conclut que c'étaient les meilleurs macaronis au fromage qu'il ait jamais goûtés. Lorsque le serveur demanda aux enfants ce qui n'allait pas avec leur plat, ils lui répondirent : « C'est mauvais, ce n'est pas du Kraft. »

Le lendemain soir, la famille retourna au restaurant et le serveur de la veille les reconnut. Il s'approcha des enfants et leur dit : « J'espérais que vous reviendriez. J'ai du Kraft pour vous ». Il s'en alla ensuite aux cuisines et revint avec une boîte de macaronis au fromage Kraft. Vous pouvez imaginer la complicité entre le serveur et le chef cuisinier pour qu'une telle chose soit possible. On peut facilement comprendre pourquoi ce restaurant est si prospère.

La tendance actuelle de réduction de personnel est attribuable au besoin de flexibilité. Cette stratégie a pour but de diminuer le nombre de paliers administratifs. Des sociétés comme Wal-Mart, avec quatre paliers de gestion, éliminent petit à petit les concurrents coincés dans une hiérarchie bureaucratique de douze niveaux. De plus en plus de sociétés veulent devenir aussi efficaces que Don Shula: pouvoir substituer à volonté les stratégies et les formations en vue d'obtenir les résultats souhaités dans un milieu qui change constamment. Savoir monopoliser les services d'une société pour résoudre le problème d'un client ou satisfaire un besoin soudain du marché, c'est ce que Don Shula appelle l'adaptabilité.

De tous les systèmes bureaucratiques auxquels j'ai dû avoir affaire au fil des ans, celui de la Régie d'assurance automobile est à la fois le plus assommant et le plus humiliant. J'avais l'impression que ce service se complaisait à embaucher des employés qui détestaient les gens. Le personnel semblait prendre plaisir à annoncer aux clients qu'ils attendaient dans la mauvaise file ou que leur formulaire était mal rempli. J'évitais d'avoir recours à ce service. Cependant, trois semaines avant un départ en Europe, je perdis mon permis de conduire. Il fallait que le renouvellement se fasse rapidement pour que mon permis puisse me servir de seconde preuve d'identité. Je demandai donc à Dana Kyle, mon adjointe administrative (et celle qui gère toute ma vie) de prévoir trois heures dans mon agenda pour que je puisse me rendre à la Régie d'assurance automobile. Je pensais que c'était à peu près le temps qu'il leur faudrait pour me réduire en bouillie.

En y allant, je m'attendais à être toujours aussi mal traité, mais je constatai avec surprise que les choses avaient changé. À l'accueil, une employée me dit: «Bienvenue à la Régie d'assu-

rance automobile. Parlez-vous français, anglais ou espagnol?»
Décontenancé, je marmonnai «le français». Elle me conduisit à
un comptoir où je fus reçu par un jeune homme souriant qui
s'informa de ma demande. Lorsque j'eus en main mon nouveau
permis, je réalisai que la procédure n'avait pris que 9 minutes,
la séance de photographie comprise!

«Mais que se passe-t-il ici?», demandai-je à l'employée qui
m'avait pris en photo. «Ce n'est plus du tout le service que j'ai
connu!

«Avez-vous rencontré nos nouveaux patrons?», me de-
manda-t-elle, en souriant et en m'indiquant un bureau situé en
plein milieu du service. Je m'y rendis et fis connaissance avec un
homme d'âge moyen, très sympathique, qui m'expliqua que son
rôle était d'«envoyer des signaux et de répartir les ressources.»
En lui parlant, je me rendis compte que c'était un homme qui
aimait son travail, qui était fier de son organisation et qui avait
une vision du service à la clientèle. Il était évident qu'il s'était
engagé à assurer un bon service. Il avait décidé, par exemple,
qu'aucun employé n'irait manger entre 11 h 30 et 14 h puisque
c'est le moment de la journée où se présentent le plus grand
nombre de clients. Il a également formé tout son personnel à
être polyvalent, c'est-à-dire que chacun pouvait, par exemple,
servir au comptoir ou prendre les photos. Ainsi, lorsqu'il y avait
soudain affluence, il pouvait rapidement réorganiser le bureau
pour satisfaire la demande. Voilà un homme qui a su s'adapter
aux situations. Pourriez-vous en faire autant?

SECRET nº 4

Cohérence

« Il est facile de prévoir de quelle façon Don Shula va traiter les gens. Il s'attend toujours à ce que chacun donne le meilleur de lui-même. Il fait preuve d'une cohérence exemplaire. Si une personne réalise une bonne performance, Don Shula sera prêt à le féliciter. Par contre, si un joueur ne répond pas à ses attentes, il sera également prêt à le réprimander et à le remettre sur la bonne voie. Dans une situation donnée, l'attitude de Don Shula sera toujours la même. Ce n'est pas son humeur ou son état d'esprit qui détermineront ses réactions; c'est uniquement la performance des gens. »

■ Ken Blanchard

Le blitz des Dolphins est amorcé. Un plaqueur perce la formation à l'attaque et réussit à immobiliser le quart, causant une perte
de 8 mètres. L'adversaire est contraint d'effectuer un botté au quatrième essai. Don
Shula est le premier à féliciter le plaqueur à
sa sortie du terrain. «Beau travail!»

■

Nous sommes au troisième essai, avec trois
mètres à gagner. La remise se fait au demi.
Il se faufile dans une brèche de la formation
défensive, contourne un secondeur, longe les
lignes de touche dans une course effrénée et
traverse la zone des buts. C'est un touché
pour Miami! Mais attendez! On a lancé un
drapeau à la ligne de 40 mètres. Oh, non!
Infraction pour Miami! Le touché est an-
nulé. Vous n'aimeriez pas voir la tête que
fait l'entraîneur Don Shula à ce moment-
là.

Don Shula

La cohérence est un élément clé de la façon dont vous réagissez à la performance. Il est important que nos joueurs puissent compter sur une équipe d'entraîneurs qui les observent et réagissent de manière cohérente. Si, pendant l'avant-saison, le jeu des joueurs est médiocre et qu'aucun coup de sifflet ne vient signaler leurs fautes, ils croiront que les entraîneurs sont nonchalants. De même, ils s'inquiéteront si leurs exploits ne sont pas reconnus lorsqu'ils jouent bien. Il est primordial que les bonnes et les mauvaises performances soient toujours soulignées différemment.

Une équipe apprend rapidement à connaître les exigences de son chef et à agir en conséquence. Mon rôle ne se limite pas à donner mes critères d'excellence, il exige que j'en vérifie l'application dans la réalité. C'est pourquoi je suis toujours présent aux séances d'entraînement. Je veux pouvoir déceler le moindre problème. Même la plus petite entorse à la perfection doit être notée et corrigée sur-le-champ. Cela constitue une partie importante de la stratégie; c'est là que nous pouvons dépasser nos adversaires. Certains entraîneurs ne s'arrêteront pas aux détails. Voilà où vous pouvez prendre une longueur d'avance. Peu m'importe l'heure tardive, la fatigue des joueurs ou le nombre de fois qu'ils ont recommencé un jeu: nous allons répéter la manœuvre jusqu'à ce que nous la réussissions bien. Je préfère devoir éliminer un jeu ou une formation au cours de l'entraînement plutôt que de découvrir ses faiblesses pendant un match. Nous évitons, pendant les matchs, de faire ce qui n'aura pas été bien maîtrisé pendant l'entraînement. Si je demande à mes joueurs d'accomplir quelque chose qui dépasse leurs compétences, je veux le savoir tout de suite.

Vous ne pouvez fermer les yeux sur une piètre performance, même si elle vient d'un joueur vedette. Il en va de même pour les bonnes performances. Ne laissez pas votre humeur déterminer votre attitude. La performance est primordiale. C'est pourquoi vous devez y réagir avec cohérence.

KEN BLANCHARD

Souvent les gens comprennent mal ce qu'est la cohérence. Ils croient que cela signifie agir toujours de la même façon. Si vous félicitez quelqu'un pour une bonne performance, mais que vous continuez de vanter ses mérites en cas de performance médiocre, vous êtes incohérent. La cohérence consiste à se comporter de la même façon dans des circonstances similaires.

Il est facile de voir la cohérence dans le comportement de Don Shula. Son plan de match, son entraînement d'avant-saison et sa préparation au jeu sont tous des exemples de méthodes bien rodées. Il s'agit d'une façon bien précise d'être cohérent : réagir en fonction de la performance. Il faut réagir de façon constante devant des situations similaires. Cela permet aux joueurs de prévoir les réactions et les encourage à travailler davantage.

Dans *Le Manager minute au travail*, que j'ai écrit avec Robert Lorber, nous expliquons les quatre types de conséquences que peut entraîner la performance d'un être humain..

1. *Une conséquence positive.* Quelque chose de bon se produit pour la personne en cause ; par exemple, des félicitations, une certaine reconnaissance, une augmentation de salaire ou une promotion. Lorsqu'une conséquence positive ou une récompense suit une action, la personne sera portée à répéter cette

action. C'est ce qu'on appelle le renforcement positif. Les gens sont naturellement disposés à rechercher le plaisir. Les conséquences positives encouragent donc l'être humain à reproduire les bons comportements.

2. *La réorientation.* La performance est interrompue et les efforts de l'être humain sont réorientés pour que les résultats obtenus correspondent à l'objectif visé. Ceci encourage l'individu à corriger ses erreurs en apprenant les bons comportements. C'est une façon efficace d'aider les gens à modifier leur comportement.

3. *Une conséquence négative.* Quelque chose de désagréable se produit pour la personne en cause. Cela peut être une réprimande, une punition, une rétrogradation ou la suppression d'une activité. Les gens ont une tendance naturelle à éviter la douleur. Si une action est suivie de conséquences désagréables, l'individu aura tendance à éliminer ce comportement. C'est ce qu'on appelle aussi le renforcement négatif.

4. *Aucune réaction.* Rien n'est fait ou dit à la suite d'une action. Si les bons comportements ne sont pas reconnus, ils auront tendance à disparaître petit à petit, tandis que les mauvais comportements qui ne sont pas suivis de conséquences négatives demeureront inchangés. La seule exception à cette règle concerne les comportements autosatisfaisants; c'est-à-dire, lorsqu'une personne aime ce qu'elle fait. Elle reproduira alors d'elle-même les bons comportements, qu'ils soient reconnus ou non.

La majorité des gens croient que les résultats sont déterminés à 75 % par les objectifs que l'on a fixés et à 25 % par la façon dont on dirige. Pourtant la réalité démontre tout le contraire. Établir des objectifs influence seulement 25 % de la performance d'un individu alors que les conséquences qui suivent l'action (c'est-à-dire les réactions de l'entraîneur) déterminent 75 % de sa performance.

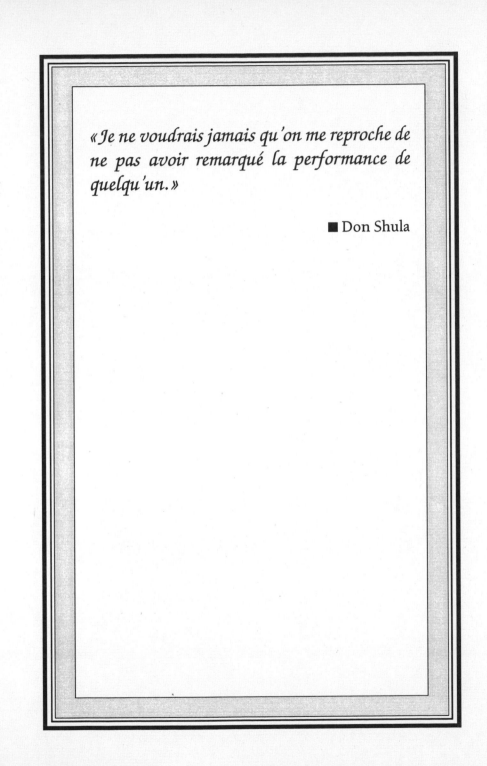

« *Je ne voudrais jamais qu'on me reproche de ne pas avoir remarqué la performance de quelqu'un.* »

■ Don Shula

DON SHULA

À la fin de la dernière saison, j'ai dû manquer une séance d'entraînement pour subir une opération au talon d'Achille. La presse en avait fait grand cas car c'était la première fois en 25 ans que je n'assistais pas à une séance. Je ne comprends pas pourquoi mon assiduité impressionne tant les gens. Pour moi, être entraîneur signifie être présent sur le terrain et observer tout ce qui se passe. Ce n'est pas pour les joueurs que je le fais, c'est pour moi. Je dois être bien informé pour être en mesure de prendre des décisions éclairées et faire les changements nécessaires. Il est important que je constate par moi-même l'évolution de l'équipe. De même, je ne porte pas d'écouteurs durant les matchs. Si j'ai besoin d'information supplémentaire, je peux toujours l'obtenir des entraîneurs adjoints placés sur les lignes de touche. Pendant un match, je concentre toute mon attention sur la situation présente. Je ne veux subir aucune influence ni avoir l'opinion des autres.

«Il est permis aux entraîneurs de se promener le long des lignes de touche, mais seulement entre les lignes de 35 mètres. Don Shula semble oublier souvent ce règlement. Je l'ai déjà vu se rendre jusqu'à la ligne de 5 mètres. Il aime se trouver à la hauteur de la ligne de mêlée pour bien voir ce qui se passe. Il peut ainsi constater ce que font à la fois la formation à l'attaque et la formation à la défense. Il peut deviner les stratégies de la défense et prévoir les intentions du quart. Si celui-ci lance le ballon au mauvais endroit, il le sait également. Il a une connaissance incroyable du jeu. Don peut observer les 29 participants en même temps: les 22 joueurs et les 7 officiels. Il sait ce que chacun est censé faire et le moment précis où il doit le faire. C'est tout simplement phénoménal!»

■ Jim Tunney
Officiel pour la LNF durant plus de 30 ans

141

> «Beaucoup pensent que Don Shula a une vision limitée des choses, qu'il se préoccupe uniquement de la décision qu'il devra prendre au troisième essai avec 7 mètres à gagner. Mais cela est faux. Don se tient au courant de ce tout ce qui se passe dans l'organisation, que cela relève de sa responsabilité ou pas. C'est facile de travailler avec un homme comme Don Shula, il accorde de l'importance à tout ce que vous faites.»
>
> ■ Stu Weinstein,
> Responsable des relations publiques et de la sécurité pour les Dolphins de Miami

Je ne vois pas comment quelqu'un peut espérer devenir un bon entraîneur s'il ne s'engage pas. J'ai entendu parler de gens qui délèguent au point qu'ils n'ont plus besoin de se rendre au bureau. Je crois personnellement que ce sont de mauvais dirigeants. Il est certes important de déléguer, mais la responsabilité reste d'abord et avant tout entre mes mains. Si les Dolphins perdent un match, personne n'en rejettera la faute sur l'entraîneur des équipes spéciales, ni sur l'entraîneur de ligne, ou celui du champ arrière; c'est sur moi que retombera le blâme. Par conséquent, même si je laisse beaucoup de liberté à mes entraîneurs adjoints dans la gestion de leurs zones respectives de jeu, je suis présent chaque jour pour tout surveiller. Et si je constate des faiblesses, j'en discute immédiatement avec l'adjoint en cause. Il est impossible de diriger à partir de la tribune de presse. Il faut être sur le terrain, avec son équipe. Le rôle d'entraîneur exige que vous soyez bel et bien là en personne. L'entraînement ne peut se faire à distance. Les gens ont besoin de vous voir et de sentir que vous vous intéressez autant qu'eux à ce qui se passe.

KEN BLANCHARD

En règle générale, dans une organisation type, à la performance des gens ne s'ensuit *aucune réaction*. Il y a des dirigeants qui remarquent leurs employés uniquement lorsque ceux-ci font des erreurs. Ils laissent les gens à eux-mêmes jusqu'à ce qu'ils échouent et sont ensuite prêts à les congédier. C'est ce que j'appelle des «dirigeants mouettes». Ils planent au-dessus des têtes, font beaucoup de bruit, s'en prennent à tout le monde puis s'envolent au loin. L'exemple suivant vous démontrera pourquoi une telle approche est inappropriée et garantit l'échec.

Les études démontrent qu'il y a moins de risque pour un adolescent d'avoir des problèmes d'alcoolisme, de drogue, de vie sexuelle dissolue ou d'un accident de voiture avant minuit qu'après minuit. Supposons que les parents d'un adolescent de 16 ans soient au courant de ce fait et décident de demander à leur fils de rentrer avant minuit. Lorsque le jeune sort avec ses amis et que 23 h 30 arrive, il leur dit: «Mes parents veulent que je rentre avant minuit. Je dois partir.» Ses amis commencent alors à le taquiner: «Oh, tu es le petit garçon à sa maman! Est-ce que tes parents vont te border?» La réaction de ses amis est donc négative. Mais comme c'est un bon garçon, il répète: «Je dois vraiment partir.» Cependant, au moment où il passe la porte de la maison à l'heure convenue, ses parents ne sont pas là pour l'accueillir. Ils sont absents ou déjà endormis. Avec un peu de chance, le chien sera là pour lui donner un coup de langue. Voilà un exemple de réaction du type *aucune réaction*.

Voyons comment une telle attitude peut être néfaste. Constatons d'abord quelles réactions ont marqué des points: jusqu'à maintenant, l'adolescent a fait face à une *réaction négative* (celle de ses amis) et à *aucune réaction* (de la part de ses parents). Laquelle des deux réactions aura le plus grand effet? La négative l'emportera sans aucun doute. La plupart des gens seront plus affectés par une réaction négative que par l'absence de réaction. Voilà pourquoi il est tellement important d'être présent pour féliciter un bon comportement. Nous donnons aux dirigeants de certaines sociétés une série de badges sur lesquels on peut lire: «On m'a surpris en train de faire quelque chose de bien». Nous les encourageons à remettre un de ces badges à un employé dont ils ont remarqué la bonne performance. C'est un geste très apprécié du personnel.

Face à l'absence de réaction de ses parents, que croyez-vous que le jeune fera la prochaine fois qu'il sortira? À 23 h 30, lorsqu'il annoncera à ses amis qu'il doit partir, ces derniers recommenceront à le taquiner. Mais cette fois, il se dira: «Ils doivent avoir raison; lorsque je suis rentré à l'heure, personne ne l'a remarqué. Pourquoi devrais-je être la risée de mes co-pains?» Il rentrera donc, cette nuit-là, à 1 h. Où seront ses parents, cette fois? Ils seront dans l'entrée, prêts à lui lancer: «Nous t'avions dit de rentrer avant minuit! Nous en avons vraiment assez de ta désobéissance!» Voilà des «dirigeants mouettes» en action. Ceci place le jeune dans une situation où il est toujours perdant: s'il obéit à ses parents, il se fait ridiculiser par ses amis, et s'il écoute ses amis, ses parents le réprimandent.

C'est le genre de relation dans laquelle se trouvent souvent emprisonnés les employés. Leur patron ne s'occupe d'eux qu'au moment où ils font une erreur. S'ils se conforment aux désirs de leur patron, les autres employés se moquent d'eux; et s'ils font ce que leurs collègues leur disent, ils s'attirent la colère du patron. Seul le patron pourra mettre fin à une telle situation en utilisant la technique du renforcement positif.

Mettre l'accent sur les éléments positifs est une stratégie efficace car un commentaire positif a plus d'effet qu'une remar-que négative. Il est important de souligner les bons comporte-ments pour contrecarrer l'influence négative des autres em-ployés. Il en est de même si vous voulez que vos enfants entrent à une heure raisonnable: assurez-vous d'être présents au mo-ment de leur arrivée pour les féliciter d'avoir respecté leur engagement. Si vous voulez vous coucher, réglez la sonnerie de votre réveil et si vous êtes chez des amis, avertissez-les qu'à 23 h 30, il vous faudra partir pour être chez vous quand votre enfant rentrera. À son arrivée, occupez-vous de lui, embrassez-le et serrez-le dans vos bras pour lui montrer votre satisfaction. Cela peut vous sembler bébête, mais croyez-moi, cela fonc-tionne. Ma sœur et moi n'avons jamais été tentés de rentrer tard car dès que nous quittions la maison, ma mère se mettait à cuisiner toutes sortes de bonnes choses pour notre retour. Nous avions envie de revenir à la maison parce que cela en valait la peine. Même nos amis aimaient venir chez nous; en partie pour la bonne nourriture, mais aussi parce que ma mère s'installait au piano et que nous chantions et dansions tous ensemble.

Je ne soulignerai jamais assez l'importance des compliments. Lorsque les gens savent qu'une bonne performance sera remarquée et récompensée, ils deviennent très motivés. Les conséquences positives encouragent les individus à reproduire les bons comportements. Si vous ne vous occupez pas de vos gens, vous ne pourrez remarquer leur bon travail. Comme le dit si bien Don Shula, il est impossible de diriger à partir de la tribune de presse.

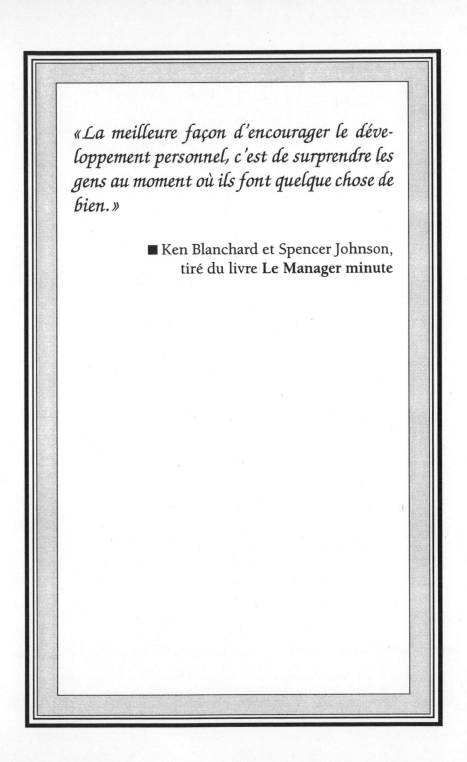

« *La meilleure façon d'encourager le déve-loppement personnel, c'est de surprendre les gens au moment où ils font quelque chose de bien.* »

■ Ken Blanchard et Spencer Johnson,
tiré du livre **Le Manager minute**

DON SHULA

Savoir reconnaître les bonnes performances est une partie importante de mon travail d'entraîneur. J'aime féliciter les joueurs en présence de leurs coéquipiers. Pendant les matchs, mes entraîneurs et moi montrons spontanément que nous avons apprécié les efforts de l'équipe, mais nous réitérons nos félicitations lors des réunions pour assurer aux joueurs la reconnaissance qui leur revient. Les manœuvres des demis à l'attaque, des ailiers rapprochés et des secondeurs sont assez évidentes, mais que dire des héros qui occupent des positions moins remarquées? Par exemple, les équipes spéciales attirent rarement l'attention des passionnés de sport. En tant qu'entraîneur-chef, je me dois de souligner leur contribution.

Il y a quelques années, j'ai commencé à organiser des réunions pour valoriser des joueurs moins reconnus. Le lendemain d'un match, les joueurs, les entraîneurs et moi nous réunissions pour analyser la performance de la veille. Je faisais mes commentaires à l'équipe, les positifs comme les négatifs. Ensuite, nous regardions les vidéos où les équipes spéciales étaient à l'œuvre. Nous profitions de cette occasion pour mettre en valeur le travail que ces joueurs font souvent dans l'ombre. Ils pouvaient ainsi se rendre compte qu'ils constituent une partie importante de l'équipe. Surtout lorsqu'une vedette comme Dan Marino disait: «Eh! Ça c'était un bon coup!» Après la réunion, l'équipe se partageait en petits groupes selon les positions des joueurs. En regardant les vidéos, chacun se revoyait à l'action et l'entraîneur-chef de chaque zone compli-

Un des jeux clés qui assura la victoire de 27-17 des Dolphins contre Kansas City fut l'interception d'une passe de Joe Montana à la fin du match. C'est J.B. Brown qui fit cette interception alors que les Chiefs se trouvaient à la ligne de 5 mètres de Miami. On nous a confié qu'au moment où J.B. Brown revenait à la ligne de touche, tenant précieusement le ballon, son coéquipier défensif, Troy Vincent, lui suggéra de faire inscrire quelque chose sur le ballon en mémoire de cet événement et lui dit: «Tu viens juste d'intercepter une légende!»

mentait les joueurs pour leurs bonnes performances sans pour autant oublier de critiquer les mauvais jeux.

Tous ces propos sur la reconnaissance peuvent aller à l'encontre de ce que vous pensez: pour être efficace, un entraîneur se doit d'être dur et exigeant. Mais cela n'est qu'une impression amplifiée par les médias nationaux de notre pays. Bien qu'il soit important de souligner les bonnes performances, cette reconnaissance doit tout de même se faire de façon stratégique. Être un bon entraîneur ne signifie pas dire à chacun qu'il est extraordinaire. Il faut d'abord encourager généreusement les gens au cours de leur apprentissage puis sélectionner petit à petit ce qui suscitera des louanges de notre part. Lorsque notre personnel enseigne quelque chose de nouveau pendant le camp d'entraînement d'avant-saison, nous encourageons énormément les joueurs. Une fois la saison commencée, nos attentes augmentent et les éloges se font un peu plus rares. Le but est d'en arriver à ce que chaque joueur soit fier de lui et

Durant la saison 1993-94, il n'était pas étonnant de voir des joueurs comme Keith Jackson, Irving Fryar, Mark Ingram et Keith Byars s'agenouiller pour prier lorsque les Dolphins venaient de marquer un point. Le 5 décembre 1994, les Dolphins ont fait un touché de dernière minute qui leur assura la victoire contre les Jets. *Sports Illustrated* raconte: «Dans les instants qui suivirent le jeu, Dan Marino se mit à faire des cabrioles au centre du terrain, comme un chien qui attrape un frisbee. Par contre, Mark Ingram et Keith Jackson se sont agenouillés avec recueillement dans la zone des buts et cela, pour la quatrième fois au cours du match. "Merci mon Dieu", dit Mark Ingram, "la victoire vous appartient. Je ne suis que votre serviteur sur terre."»

des autres lorsqu'ils ont bien joué. C'est cette satisfaction que les joueurs expriment sur les lignes de touche et dans la zone des buts quand ils manifestent leur joie.

KEN BLANCHARD

Les gens me demandent souvent: «Quelle est la chose la plus importante que vous ayez apprise sur l'art de diriger et de motiver les autres?» Je leur réponds sans hésiter que c'est ce concept de surprendre quelqu'un en train de faire quelque chose de bien». Des quatre types de conséquences qui existent, la conséquence positive est celle qui encouragera le plus la répétition des bons comportements. Il y a toutes sortes de conséquences positives. Bob Nelson, collègue et vice-président du service de développement pour Blanchard Training and Development, a écrit récemment un livre intitulé *1001 Ways to Reward Employees*. Pendant trois ans, Bob a observé 1500 sociétés afin de trouver les façons les plus efficaces et innovatrices de souligner la bonne performance des employés. Les sociétés en question connaissent bien le pouvoir des éloges. Voici quelques exemples à cet effet.

Tektronix Inc, un manufacturier de Beaverton dans l'Oregon, spécialisé dans les oscilloscopes et autres équipements électroniques, distribue à ses employés des blocs-notes à l'entête suivant: «Tu as fait du bon travail». Les employés s'en servent pour exprimer leur reconnaissance à leurs collègues de travail. À Philadelphie, une division de la société Bell Atlantic donne le nom de ses employés modèles à des sites de téléphonie cellulaire. Chez Sherpa Corporation, une firme de logiciels située à San Jose, en Californie, c'est un vieux trophée de bowling acheté dans un mont-de-piété qui récompense les performances exceptionnelles, et il circule beaucoup. Ce trophée a maintenant une grande signification pour les employés de cette société.

Nous savons que les gens ont souvent tendance à penser aux autres avant de penser à eux-mêmes. C'est pourquoi l'an dernier, à l'occasion de Noël, en plus de donner à nos employés un chèque de participation aux bénéfices, nous avons remis à chacun un billet de 50 $. Nous leur avons ensuite donné une heure et demie sur leur temps de travail pour aller dans les magasins s'acheter un cadeau. À leur retour, nous leur avons proposé de nous faire part de ce qu'ils avaient trouvé. Les gens ont beaucoup aimé cette idée. Les rires et les sourires étaient contagieux alors que chacun décrivait sa nouvelle acquisition. Pour la plupart, c'était la première fois qu'ils faisaient quelque chose *juste* pour eux.

La recherche de Bob Nelson révèle ceci: il existe un fossé important entre ce que les dirigeants croient être motivant pour les employés et ce qui les motive réellement. Les patrons pensent souvent que les employés ne recherchent que les augmentations de salaire et les promotions. Mais les études ont démontré que la plus grande récompense pour un employé, c'est que sa contribution personnelle soit reconnue, que ce soit par un petit mot d'un de ses chefs, une reconnaissance publique ou lors d'une réunion soulignant la réussite individuelle ou collective. De même, les employés sont plus fiers d'une promotion lorsqu'elle est accordée à la suite d'une bonne performance. Autrefois, la plupart des promotions n'avaient rien à voir avec la performance. Elles témoignaient surtout de l'habilité politique d'un individu à gravir les échelons hiérarchiques d'une organisation. De nos jours, les gens cherchent à être reconnus pour leurs performances.

Les félicitations et la reconnaissance font partie intégrante du succès d'une équipe. En observant attentivement un match des Dolphins, vous remarquerez que Don Shula et ses entraîneurs donnent souvent des tapes dans le dos aux joueurs et qu'ils les complimentent pour leurs bonnes performances. Vous verrez également que les joueurs se félicitent entre eux pour

152

leurs bons coups en s'étreignant et en tapant mutuellement sur leurs casques. Mais est-il possible d'observer un phénomène semblable dans les sociétés commerciales où la plupart des travailleurs participent également à un travail d'équipe? Difficilement. Plus de 50 % des employés interrogés avouent que ce qui les motiverait le plus serait de recevoir des louanges de leurs patrons. Mais ils déplorent le fait que cela n'arrive que très rarement, sinon jamais.

Pourquoi les dirigeants ne prennent-ils pas quelques minutes de leur temps pour féliciter personnellement les employés qui font du bon travail? Je n'en sais trop rien. Ils sont peut-être trop occupés à faire ce qui est urgent pour s'arrêter sur ce qui est important. Il est aussi possible qu'ils craignent qu'un employé se voyant félicité en profite pour demander une augmentation de salaire. Peut-être que certains patrons ne possèdent pas le talent nécessaire ou ne se sentent pas assez à l'aise pour complimenter les autres. Peu importent leurs raisons, il est clair que les félicitations et la reconnaissance ne font pas partie des habitudes des dirigeants. Et pourtant, les employés ont bien besoin de marques d'appréciation. Ils sont à l'affût des réactions positives de leurs employeurs et ce, pas seulement au moment de leur évaluation annuelle. Lorsque les dirigeants s'apercevront que les félicitations sont directement liées à la performance, ils les considéreront comme faisant partie intégrante de leur travail, ce qui, en retour, engendrera une meilleure performance de la part de leurs employés.

En 1989, j'ai eu le plaisir de travailler avec l'équipe de Jan Carlzon pour la compagnie aérienne Scandinavian Airlines Systems (SAS) située à Stockholm, en Suède. Jan Carlzon, qui a quitté son poste de président de la compagnie en 1994 avait réussi à contourner la bureaucratie instaurée par la Suède, la Norvège et le Danemark et à créer l'un des meilleurs services à la clientèle de toute l'Europe. Alors que je travaillais avec le personnel de la SAS, je leur fis part de la théorie sur les canards et les aigles prônée par Wayne Dyers, spécialiste en croissance personnelle. Je leur expliquai également comment Rick Tate, Gary Heil et moi-même avions appliqué cette théorie dans notre programme. Lorsque les employés agissent en canards, ils passent leurs journées à cancaner et à expliquer aux clients ce qui les empêche de bien les servir: «C'est la politique de la société.» «Ne me blâmez pas; je ne fais que mon travail.» «L'ordinateur est en panne.» «Vous devez vous adresser au directeur.» Coin! Coin! Coin! Les aigles, par contre, se distinguent de la masse et font tout leur possible pour bien servir les clients. Jan Carlzon fut impressionné par cette approche et surtout par ma remise en question de la notion d'«employé du mois». Pour moi, ce qui est important, c'est l'«employé du moment». Dans les sociétés avec lesquelles j'ai travaillé, nous installions un bureau appelé le Nid de l'aigle. Lorsqu'un employé faisait tout son possible pour satisfaire un client, on avertissait immédiatement le Nid de l'aigle. Un responsable était alors envoyé sur les lieux pour prendre une photo de l'aigle en plein vol. La reconnaissance de l'individu était immédiate. Souvent, on affichait les photos des employés et une description de leurs exploits sur ce qu'on appelle le mur des célébrités.

Le lendemain de ma rencontre avec Jan Carlzon et ses dirigeants, Margie et moi prenions un vol de Stockholm à Rome pour y retrouver nos enfants, Scott et Debbie. Nous avions modifié souvent nos réservations et notre agente de voyage, Nada, s'était débrouillée pour que nous puissions retirer les billets payés à la Swiss Air. Arrivés à l'aéroport, on nous demanda de nous rendre au comptoir de la SAS puisque ce sont eux qui s'occupent des billets et des bagages pour toutes les lignes aériennes. Swiss Air ne disposait que d'un petit comptoir pour régler les problèmes. Au comptoir de la SAS, l'employée nous demanda nos billets. Je lui expliquai que nous étions là pour retirer les billets que nous avions déjà payés. À cela, elle répliqua: «Je ne m'occupe pas des billets payés. Vous devez vous rendre au comptoir de la Swiss Air.» Frustré, je baissai la tête et grommelai: « Où se trouve la Swiss Air ? » (Je me souvins soudain des deux heures d'attente que nous avions dû subir la semaine précédente au comptoir d'une autre ligne aérienne nationale. Les employés semblaient prendre plaisir à nous annoncer que nous n'attendions pas dans la bonne file. Ils nous avaient fait courir partout dans l'aéroport).

À cette époque, un certain nombre d'employés du service à la clientèle de la SAS avait été formé pour interpréter le langage non-verbal. On leur avait dit qu'au moment où les gens baissaient la tête et se mettaient à grommeler, ils étaient probablement sur le point de se fâcher. C'est ainsi que notre employée se mit à sourire en nous disant: « Restez ici et détendez-vous un peu ; je vais aller à la Swiss Air. » Elle quitta le comptoir, dirigea le couple qui attendait derrière nous vers une autre file d'attente et partit dans l'aéroport. Nous ne pouvions en croire nos yeux. En arrivant au comptoir de la Swiss Air, elle alla directement à l'ordinateur imprimer elle-même nos billets. En revenant vers nous, elle brandissait les billets, sachant que nous la surveillions. De retour derrière son comptoir, elle nous dit: « Bon, maintenant je peux faire mettre vos bagages en consigne. »

Je lui demandai son nom. Surprise, elle voulut savoir pourquoi je le lui demandais. Durant ces années, je voyageais beaucoup et j'avais toujours sur moi des cartes postales avec le symbole du *Manager minute* au verso. Si une personne s'occupait de moi d'une façon exceptionnelle, comme cette employée, je lui demandais automatiquement son nom ainsi que le nom et l'adresse de son supérieur pour lui envoyer une carte où je faisais l'éloge de l'employé en question. Dans le cas présent, j'écrivis: « Cher Jan, je viens juste d'attraper votre premier Aigle du Moment. Elle s'appelle Katrina Baugh, voici son poste et ce qu'elle a fait pour moi. » Je signai la carte et la déposai dans la boîte à lettres de l'aéroport.

Quatre jours plus tard, j'étais à Rome et je pensais encore à Katrina. Je téléphonai au bureau de Jan Carlzon. La secrétaire, qui me connaissait, m'informa que Jan était absent du bureau et me demanda ce qu'elle pouvait faire pour m'aider.

« Je me demandais simplement si Jan avait reçu ma carte postale.

– Bien sûr, qu'il l'a reçue ! Et il est devenu complètement fou.

– Qu'a-t-il fait ?

– Il a envoyé une lettre à Katrina ; il lui a également fait porter des fleurs. Il a aussi rédigé une histoire pour notre journal interne. Et finalement, il a organisé une fête dans le bureau en son honneur. »

Peut-on imaginer un patron félicitant son employée pour avoir quitté son poste ? Pour qui se prenait-elle ? En fait, elle se conférait tous les pouvoirs nécessaires à un bon travail et Jan Carlzon était tout à fait d'accord avec cela.

«Lorsque je vois quelqu'un agir de façon nonchalante, alors que la rigueur est de mise, je n'hésite pas à le corriger sur-le-champ. Je ne peux prendre le risque qu'une telle attitude se répande dans l'équipe.»

■ Don Shula

DON SHULA

Je pense qu'il n'existe pas d'erreurs négligeables. Si un joueur ou l'équipe fait quelque chose de mal, un coup de sifflet les avisera qu'il y a eu faute et que l'on doit reprendre le jeu. La réorientation des joueurs s'effectue principalement durant l'entraînement d'avant-saison. Lorsque la saison commence, je m'attends à ce que les joueurs sachent très bien les rôles qu'ils doivent jouer. S'ils font des erreurs, nous les réprimandons. Il m'est très difficile de cacher mes sentiments. Si je suis en colère, les joueurs, comme les entraîneurs, le sauront. J'exprime toujours mes émotions. Lorsque mon taux d'adrénaline monte, on peut voir mes émotions. Mais quand je suis en colère contre quelqu'un en particulier ou l'équipe tout entière, c'est toujours à cause de la performance. Les joueurs sont assurés du respect que je leur porte. Je suis exigeant, mais ils savent que je les respecte en tant qu'êtres humains. Si une bonne entente ne règne pas entre mes entraîneurs (ou moi) et un joueur, je crois que celui-ci ne devrait pas faire partie de l'équipe. C'est pourquoi je m'attarde beaucoup sur la personnalité de l'individu lorsque je sélectionne un joueur. Bien évidemment, il me faut des joueurs talentueux mais s'ils n'ont pas la personnalité qui leur permettra de s'intégrer à l'équipe, je pense que leur place est dans une autre équipe.

Mes réactions doivent tenir compte de la personnalité de chaque joueur. Bob Griese, notre quart des années 70, était un homme réservé et réfléchi. Il ne réagissait pas bien aux réprimandes devant témoins. Il valait mieux le prendre à part et lui parler calmement, en privé. Par contre, Dan Marino, le quart vedette actuel, est un joueur émotif avec lequel il faut réagir d'une façon tout à fait différente. Le secret est la cohérence, ce qui n'empêche pas que l'approche doit être différente avec chaque joueur.

En tant qu'entraîneur, vous devez faire connaître à l'équipe vos critères de performance. Cela se fait durant les séances d'entraînement et les matchs en effectuant des corrections lorsque la performance est en dessous du niveau que vous jugez acceptable. À l'occasion, certains parmi ceux que vous entraînez essaieront de mettre vos limites à l'épreuve. Vous ne devez pas vous laisser faire. Vous ne pouvez tolérer les erreurs flagrantes ou la transgression de vos règles. Si vous le faites, les autres joueurs recevront un mauvais message. Mais vous devez faire preuve de discernement lors de ces confrontations et de souplesse dans votre façon de traiter les gens dans ces situations particulièrement délicates. Un entraîneur ne doit pas éviter d'affronter ses joueurs. Ce sont là des occasions d'affirmer vos convictions, de réitérer vos critères tout en vous souvenant qu'il existe quelque chose de plus grand que votre propre ego.

KEN BLANCHARD

La réorientation permet de corriger une erreur quand un individu, ou une équipe, n'a pas encore appris à faire ce que l'on aimerait le voir faire. Si les gens font des erreurs au cours de leur apprentissage et que votre réaction est de les punir, vous ne ferez qu'augmenter leur niveau d'anxiété et les inciterez à éviter la punition, c'est-à-dire à vous éviter. Quelqu'un que l'on punit alors qu'il est en train d'apprendre aura de la difficulté à comprendre le message qu'on veut lui transmettre. Si, par exemple, un enfant qui apprend à marcher reçoit une fessée chaque fois qu'il tombe, c'est probablement en rampant qu'il se rendra à son travail une fois adulte. Lorsqu'un débutant commet une erreur, assurez-vous qu'il en est conscient mais assumez-en vous-même

«Lors du camp d'entraînement de l'été 1994, Tim Bowens, notre grand plaqueur défensif, se faisait taquiner par les vétérans à l'heure du déjeuner. C'est ce qu'ils font toujours aux nouveaux venus. Ils voulaient lui faire chanter l'hymne du Mississippi, mais Tim Bowens refusait de chanter. Comme il pesait 143 kilos, personne ne pouvait vraiment le forcer. Après le déjeuner, alors que tous allaient se changer pour la séance d'entraînement, Tim Bowens découvrit qu'on avait vidé son placard. Il n'avait absolument rien à se mettre pour l'entraînement. Cela faisait partie de l'initiation d'une recrue. Comme il ne se rendait pas compte que c'était seulement une blague, Tim Bowens sauta dans sa voiture et retourna à son appartement situé en ville.

Les joueurs ne sont pas autorisés à quitter le camp d'entraînement sans permission. Alors, Stu Weinstein, qui était chargé de la sécurité, se rendit au domicile de Tim Bowens avec son agent. Ils ramenèrent le joueur en fin d'après-midi et le conduisirent directement à mon bureau. Je lui demandai: «Tim, que s'est-il passé?» Il me répondit: "Coach, je suis venu ici pour jouer au football, pas pour chanter." Même si j'ai dû lui faire payer l'amende pour avoir quitté le camp, j'essayai d'être compréhensif à son égard. Il venait d'une petite ville du Mississippi, n'avait fait qu'une année d'université, et ne comprenait vraiment pas ce qui pouvait tant amuser les autres joueurs et ce qu'ils pouvaient tirer de tels agissements. Je fus heureux de constater qu'il ne quitta jamais plus le camp sans permission. Tim Bowens connut une excellente année en tant que recrue. Il était un membre clé de notre formation défensive et un meneur pour les gains au sol. Sa participation au sein de l'équipe fut considérable, à la plus grande satisfaction de Joe Greene et de tous les membres du personnel.»

■Don Shula

la responsabilité. («Peut-être n'ai-je pas été assez clair?»). Vous devez ensuite faire preuve de patience, réitérer vos explications et réorienter le débutant. («Recommençons depuis le début.») Ce qui signifie redéfinir les paramètres de la tâche et, si possible, faire une démonstration du comportement recherché.

La réprimande est un exemple de conséquence négative. Elle consiste à critiquer sur-le-champ une personne qui n'a pas bien agi. Pour être efficace, une réprimande doit être spécifique. Elle doit permettre d'exprimer ses sentiments tout en encourageant l'autre à faire mieux. («Vous ne m'avez pas encore remis votre rapport. Cela m'ennuie parce que tous les autres l'ont remis à temps. Je suis déçu car habituellement, je pouvais compter sur vous. ») Utilisez la réprimande uniquement lorsque vous savez qu'un individu ou une équipe s'est déjà montré capable d'accomplir ce que vous aviez demandé. Pour illustrer la différence entre la réprimande et la réorientation, je me servirai d'exemples provenant de ma propre expérience d'entraîneur. Dans mes jeunes années, alors que j'étais rapide et mince, je jouais au basket-ball. À une certaine époque, j'envisageais de devenir entraîneur. Alors que j'étais au collège, j'eus la chance d'être l'adjoint de l'entraîneur des équipes de première année. Lors d'une saison, deux joueurs de grande taille avaient été recrutés. Le premier venait de la ville de New York. Il mesurait 1,95 mètre et il pouvait tout faire. Il pouvait sauter, courir et compter. Il était un des meilleurs joueurs que le collège ait jamais recruté. L'autre jeune mesurait 2 mètres et venait du nord de l'État de New York. Si vous lui lanciez le ballon et qu'il réussissait à l'attraper, c'était un exploit. Pourquoi prendriez-vous un jeune comme lui dans votre équipe? C'est qu'au début des années 60, les grands gars étaient peu nombreux et ils manquaient souvent de coordination dans leurs mouvements. Alors si vous trouviez un gars de 2 mètres qui en plus savait marcher, vous l'engagiez.

Le seul problème avec le joueur qui venait de la ville de New York, c'est qu'il n'aimait pas jouer à la défense. Il pensait qu'il n'existait qu'un côté au terrain: celui où nous avions le ballon à l'attaque. Toutes nos tentatives pour arriver à lui faire jouer un bon jeu défensif avaient échoué. Finalement, un certain soir, nous avons craqué. Alors qu'il était nonchalant à la défense, nous l'avons sorti du jeu; l'entraîneur-chef l'a agrippé par le chandail, l'a envoyé sur le banc et l'a engueulé. On l'a traité de tous les noms imaginables. Sa première réaction a été de crier à son tour: «Pourquoi m'engueulez-vous comme ça?» Et nous lui avons répondu à brûle-pourpoint: «Parce que tu es bon! Tu pourrais être un champion si seulement tu acceptais d'apprendre à jouer à la défense!» À la suite de cette intervention, lorsqu'il ralentissait sa cadence à la défense, nous n'avions qu'à crier son nom pour qu'il se reprenne. Il savait à quoi s'attendre si nous devions le sortir du jeu.

Si nous avions agi de la sorte avec le grand gars qui venait du nord de l'État, nous l'aurions paralysé. Comme il ne savait pas jouer à la défense, il aurait trouvé nos demandes irréalistes et aurait probablement essayé de rétorquer ou d'abandonner. Lorsque son jeu défensif laissait à désirer, on le faisait sortir du jeu et s'asseoir sur le banc. Nous lui disions: «John, si ce petit gars que tu es chargé de surveiller réussit à s'emparer de tous les retours de ballon, c'est parce qu'à chaque fois qu'il fait un lancer au panier, tu te retournes et tu regardes en l'air, comme les touristes à New York. Il court alors autour de toi, te bloque et rattrape le ballon. Maintenant, tu vas retourner jouer. Mais cette fois, lorsque l'équipe adverse fera un lancer, il faut que tu t'imagines qu'il n'existe qu'un seul homme au monde, celui que tu es chargé de surveiller. Et nous voulons que tu le surveilles d'une façon bien particulière: tu dois regarder constamment son nombril. Il n'y a rien de bien sorcier là-dedans: les recherches prouvent que là où va le nombril, le reste du corps suit.

Lorsqu'il retourna au jeu et que l'équipe adverse fit un lancer, John concentra immédiatement son attention sur le nombril du joueur à surveiller. Voyant que ce grand gars fixait son nombril, le joueur adverse baissa la tête pour s'assurer que sa braguette n'était pas ouverte. Comme tout était normal, il se mit également à fixer son adversaire. Pendant que les deux joueurs s'observaient mutuellement, ni l'un ni l'autre ne pouvait recevoir de retour. L'entraîneur adverse criait après son joueur et réussit finalement à attirer son attention. Celui-ci entraîna le Grand John sous le panier, là où il lui était impossible de s'emparer du ballon. Alors nous avons rappelé John au banc et nous l'avons fait s'asseoir. Nous lui avons dit: «C'était une superbe surveillance de nombril!» Il a répondu en riant:: «Je ne l'ai jamais quitté des yeux!»

163

Nous lui avons demandé de retourner au jeu, de continuer à surveiller le nombril de son adversaire, mais cette fois de se tourner petit à petit face au panier pour être prêt à attraper un retour. C'est exactement ce qu'il fit et miraculeusement, le ballon atterrit entre ses mains. Ne sachant que faire, il se retourna, faisant alors face à son adversaire qui s'empara immédiatement du ballon pour l'envoyer dans le panier et marquer deux points. À son retour au banc, nous lui avons dit : «John, excellente surveillance de nombril. Bon déplacement aussi. Mais la prochaine fois que tu auras le ballon, tu l'attraperas et tu t'y agripperas et le garderas jusqu'à ce que tu aperçoives un autre joueur portant nos couleurs.» Alors, dites-moi si nous étions méchants avec John? Non. Il ne savait tout simplement pas comment réagir. Alors chaque fois que nous le sortions du jeu, nous le complimentions sur ses progrès et nous réorientions ses efforts pour l'affrontement suivant. Si nous avions agi de la sorte avec notre joueur de la ville, il aurait été insulté. Il savait comment jouer à la défense; il manquait seulement de motivation pour ce qui suscitait moins son intérêt.

Alors que la réorientation est la méthode ap-

> «*Alors que mon fils Scott en était à ses dernières années au collège, il avait pris l'habitude de garer sa camionnette dans l'allée. Cela me causait un problème car son véhicule était tellement gros qu'il occupait toute la largeur de l'allée ce qui empêchait tout autre véhicule d'entrer ou de sortir. Je lui avais alors demandé de stationner dans la rue. Un jour, en arrivant à la maison je m'aperçus que non seulement, il avait bloqué l'allée avec son véhicule, mais qu'en plus, il était parti sans laisser les clefs. J'étais en colère. Il revint trois heures plus tard et je l'attendais de pied ferme. Il sut clairement ce qu'il avait fait de mal et dans quel état cela m'avait mis. Comme je retournais à l'intérieur de la maison, Scott courut après moi. Il me suivit jusque dans la cuisine. "Papa", me dit-il, "tu as oublié la dernière partie de la réprimande, tu sais celle qui dit: 'Tu es un bon garçon, je t'aime et je m'attends à beaucoup mieux de ta part.'" Je ne pus m'empêcher de rire. Je le serrai dans mes bras. Par la suite, Scott ne laissa plus jamais sa camionnette dans l'allée. Quant à moi, j'appris à ne pas oublier de réaffirmer mon estime à la fin d'une réprimande.*»
>
> ■ Ken Blanchard

propriée dans les cas de «Je ne peux pas» comme pour le Grand John, la réprimande est de mise pour les problèmes de motivation, comme avec notre joueur de la ville.

Il est important, après une réprimande, que la personne en cause sente que vous l'appréciez en tant qu'être humain. Assurez-vous qu'elle comprenne bien que vous êtes fâché parce que vous vous attendiez à plus de sa part. Cette étape est importante mais souvent difficile.

SECRET nº 5

Honnêteté

« Tout ce que fait Don Shula est basé sur l'honnêteté. Et c'est exactement ce que, de nos jours, les
gens veulent et désirent trouver chez un leader.
Les dirigeants efficaces sont clairs et directs dans
leurs relations avec autrui. Aujourd'hui, les gens
savent très bien que la sécurité d'emploi n'existe
plus. Ils s'attendent cependant à ce que leurs
patrons soient honnêtes avec eux. Don Shula est
un homme foncièrement honnête. »

■ Ken Blanchard

*«Oui, Don Shula n'est qu'un simple entraî-
neur au football professionnel, bien qu'il
soit le plus célèbre grâce à ses 325 victoires.
Mais dans un milieu où les gens sont à
l'affût des scandales, son cheminement pour
s'emparer du titre détenu par George Halas
lui permet de jouir d'un prestige que très peu
de personnalités publiques de la Floride du
Sud peuvent revendiquer: Il est sans tache.»*

■ S.L. Price, *Miami Herald*
édition spéciale sur Don Shula
15 novembre 1993

Don Shula

Bien que l'on ait reconnu mon succès en tant qu'entraîneur, ce qui fait ma fierté c'est que l'on ait reconnu mon intégrité, ce facteur intangible qui ne se mesure pas par le nombre de victoires ou de défaites. Par exemple, j'ai été très flatté que la journaliste Peggy Stanton décide de me compter parmi les neuf hommes dont elle brossait le portrait dans son livre intitulé *The Daniel Dilemma: The Moral Man in the Public Arena*. Quand j'ai battu le record de George Halas, S.L. Price a écrit dans le *Miami Herald* que j'étais « sans tache » ; je suis très fier de cela aussi.

Faire quelque chose d'immoral ou de malhonnête minerait mon estime personnelle, l'image que j'ai de moi. J'aurais également des problèmes face à ma famille. J'avoue que le football est un sport violent, mais c'est aussi un sport honnête. Selon moi, la lutte pour la victoire et la nature exigeante de ce travail font partie du style de vie américain. Mais la violence gratuite n'a pas sa place au football. Par exemple, il est inacceptable qu'un joueur frappe délibérément un adversaire sur la tête ou qu'il lui fasse une prise par derrière. Étant membre de longue date du *Competition Committee*, j'ai défendu des règlements visant à éliminer la violence gratuite. Si l'on se souvient de moi en tant qu'entraîneur, j'espère que ce sera parce que j'aurai su respecter les règles du jeu. J'aimerais également que l'on dise de mes équipes qu'elles faisaient preuve de classe et de dignité dans la victoire comme dans la défaite. Je suis fier de dire que durant mes saisons avec Miami, les Dolphins est l'équipe de la LNF qui a été la moins pénalisée. Lorsque mon équipe en bat une autre, je veux que cela se fasse dans les règles.

Pour qu'une équipe puisse jouer en respectant les règlements, il faut avant tout qu'elle les connaisse. Bien connaître les règlements ne nous garantit pas seulement de jouer en étant loyal, cela peut également faire la différence entre la victoire et la défaite. Notre avant-dernière victoire, en décembre 1993, contre les Cowboys de Dallas (les champions potentiels du Super Bowl) en est un bon exemple. Les Cowboys menaient 16-14 lorsque nous sommes partis sur une lancée qui nous mettait en position de faire le placement qui pouvait nous assurer une victoire in extremis. Lorsque le botté a été bloqué, nos chances de gagner se sont envolées. C'est là que la connaissance des règles a joué en notre faveur. Tout ce que les Cowboys devaient faire pour remporter la victoire était de ne plus toucher au ballon. Mais lorsque Leon Lett a tenté de ramasser le ballon pour Dallas et qu'il lui glissa des mains, nos secondeurs, Jeff Dellenbach et Bert Weidner connaissaient le règlement: si un joueur de Dallas touchait au ballon, il réactivait le jeu. Sachant cela, ils étaient prêts à bondir sur le ballon pour soutirer la victoire. Lorsque tout semble perdu, la connaissance des règlements et la volonté de gagner deviennent des atouts déterminants. C'est ainsi que le football doit se jouer.

Mon souci de justice complique souvent mes prises de décision. Dans le match contre Washington lors du Super Bowl de 1972, j'hésitais entre utiliser Bob Griese, qui se remettait tout juste d'une fracture à la cheville, ou Earl Morall qui nous avait permis de nous rendre au Super Bowl. Sous sa gouverne, l'équipe avait cependant eu de la difficulté à franchir la ligne des buts lors du dernier match. D'autre part, Bob Griese avait joué dans la seconde demie du match contre Pittsburgh lors du Championnat AFC et nous avait placé sur le chemin de la victoire. Alors, même si Earl Morrall méritait de commencer le match à cause de ses succès précédents, je devais prendre la meilleure décision dans l'intérêt de l'équipe. J'ai donc choisi Bob Griese. (Cela s'avéra être une bonne décision puisqu'il nous mena à une victoire de 14-7). Mais une fois ma décision prise, je me trouvais devant le problème suivant: comment annoncer à un gars qui avait conduit l'équipe à 17 victoires consécutives qu'il ne serait pas l'homme de la situation dans le match le plus important de tous?

Prendre des gants blancs n'est pas mon fort. Je vais droit au but: je m'assois, je regarde le gars dans les yeux et je lui dis: «Voilà ce que je pense. Tu ne seras peut-être pas d'accord avec moi, mais c'est ce que je ressens et ce que j'ai l'intention de faire. Je sais que c'est difficile à avaler mais je veux seulement que tu comprennes ma façon de voir les choses et mon objectif.» La décision déçut Earl Morrall mais il apprécia ma façon de gérer la situation. Voici sa réaction: «La meilleure chose que Don ait faite a été de prendre cette décision rapidement. Il n'a pas laissé l'équipe se demander pendant une semaine qui serait le quart et prendre position pour l'un ou l'autre des candidats.»

«Don Shula tient beaucoup à l'honnêteté, pas seulement pour lui-même, il l'apprécie et la respecte également chez les autres. Lors du dernier match de ma première saison à la LNF en tant qu'officiel, j'ai pris, contre les Colts de Baltimore, la pire décision que j'ai jamais prise. L'équipe de Don Shula jouait contre les Redskins à Baltimore et le compte était de 17-17 lorsque, dans les dernières minutes de jeu, Washington fit une passe dans la zone des buts qui fut interceptée par Rick Volk des Colts. Mais, dans sa troisième enjambée, Rick Volk marcha sur une ligne blanche que je croyais être la ligne de touche. La ligne sur laquelle il avait marché se trouvait en fait à 30 centimètres à l'intérieur de la zone des buts. Ne le sachant pas alors, je signalai l'erreur au moment où Volk terminait sa course de 97 mètres pour le touché. Cette course lui aurait permis de briser un record datant de 1920. J'aggravai la situation en pourchassant Rick Volk jusqu'à l'autre bout du terrain pour lui reprendre le ballon. Don Shula et toute l'équipe de Baltimore étaient furieux contre moi. Peu de temps après, je passai devant le banc de Baltimore. Don Shula tonnait: "Hé! le novice, veux-tu me dire ce que tu fais ici?" Comme je m'étais rendu compte de mon erreur, je m'arrêtai et je lui répondis: "Coach, j'ai gaffé, et je m'en veux terriblement."

Après le match, perdu par Baltimore, les journalistes se groupèrent autour de Don Shula et lui demandèrent aussitôt ce qu'il pensait de ma décision. Il leur répondit: "Art Holst est venu m'avouer qu'il avait gaffé et qu'il s'en voulait terriblement. C'est un homme honnête. Quelle est la prochaine question?"»

■Art Holst
ancien officiel de la LNF

KEN BLANCHARD

En 1994, le magazine *Fortune* relatait une histoire intitulée «The New Deal in Business». Autrefois, il suffisait qu'un employé soit fidèle à son entreprise pour qu'une sécurité d'emploi lui soit garantie. Mais de telles règles ne s'appliquent plus aujourd'hui. La sécurité d'emploi est chose révolue, tout comme la fidélité à l'entreprise. En quoi consiste cette nouvelle entente? Nous avons essayé de le savoir en travaillant avec de nombreuses sociétés à travers le pays. En demandant aux dirigeants ce qu'ils attendent de leurs employés, nous avons appris qu'ils recherchent d'abord l'esprit d'initiative, la capacité de résoudre des problèmes et d'assumer des responsabilités. Pour leur part, les employés recherchent l'honnêteté comme qualité principale chez leurs employeurs. Ils veulent savoir la vérité. Ils ne veulent pas entendre qu'il n'y aura plus de mises à pied pour se voir confrontés à cette réalité deux mois plus tard. Ils apprécient les employeurs qui, tout comme Don Shula, jouent franc jeu.

Dans un milieu compétitif, où il faut s'attendre à tout, les valeurs morales sont souvent les premières qu'on laisse tomber. Mais cela mène à l'insuccès puisque la première qualité que les gens recherchent chez un leader, c'est l'intégrité.

John Wooden, le grand entraîneur de basket-ball d'UCLA le dit très bien: «Il n'y a pas d'oreiller plus confortable qu'une conscience tranquille.» En étant totalement honnête avec autrui, on en retire une plus grande estime de soi. Si c'est vrai, comment se fait-il qu'on ne rencontre pas davantage de gens avec un bon sens moral? Si l'éthique professionnelle n'est pas une priorité, c'est en grande partie parce que les gens croient à tort que cela peut nuire aux affaires. Mais c'est tout le contraire. Lors de la préparation de notre livre *Éthique et management*, Norman Vincent Peale et moi avons découvert à quel point l'éthique professionnelle favorise les entreprises. Les sociétés

174

qui réussissent à long terme ont toutes un sens profond de l'éthique.

Une bonne entreprise vise le développement et le maintien des relations commerciales à long terme. Une société qui fait un gain financier rapide en profitant de ses clients, de ses fournisseurs ou de ses employés peut certes augmenter sa marge de profit pour un trimestre, mais la confiance perdue au cours du processus peut ne jamais être restaurée. Dès qu'ils le pourront, les clients mécontents se tourneront vers la concurrence. Un fournisseur lésé trouvera un moyen de se rattraper. Et les employés qui auront subi une injustice trouveront réparation en volant du matériel ou des produits, en gonflant leurs notes de frais, en faisant des appels interurbains personnels à partir du bureau, en se déclarant malades alors qu'ils se portent bien, et ainsi de suite.

Les dirigeants avisés savent que dans les affaires le succès va de pair avec l'éthique professionnelle. Ils ont une vision plus large des objectifs d'une société, une vision qui s'étend au-delà des activités quotidiennes. Ils savent qu'au bout du compte, il n'existe aucune façon de bien faire quelque chose de mal. Kenneth T. Deer, président de Chevron Corporation dit ceci: «Pour moi, il ne fait aucun doute que l'éthique professionnelle est rentable parce que dans notre société, les gens qui dorment la conscience en paix travaillent mieux le lendemain. »

« Il m'est impossible de mystifier les gens. Mes sentiments sont toujours à fleur de peau. Lorsque je suis heureux, je suis heureux. Lorsque je suis en colère, je suis en colère. Je suis honnête et direct avec mes gens et je veux qu'ils le soient tout autant avec moi. »

■ Don Shula

DON SHULA

Lorsque j'ai donné ma première conférence de presse, après mon arrivée à Miami, on me demanda de décrire mon style. Je répondis : « Je suis presque aussi subtil qu'un coup de poing en plein visage. » J'ai une approche très directe. Je ne sais pas faire des détours ni user de finesse. Mes joueurs le savent et ma franchise ne les surprend pas. Je suis tel que je me montre. Je ne fais pas semblant. Un entraîneur efficace affronte les personnes, les encourage, les réoriente ou les réprimande sans s'excuser, mais par-dessus tout, il est parfaitement honnête. L'intégrité est rentable. Et l'intégrité signifie être honnête envers soi-même et envers les autres. Voilà un ingrédient clé de ma philosophie d'entraîneur.

Si un joueur ne donne pas le meilleur de lui-même, il nous faut immédiatement faire face au problème. Ce problème doit être réglé sur-le-champ plutôt que de laisser la situation dégénérer. C'est pourquoi j'eus, au printemps 1994, une discussion en tête-à-tête avec Keith Jackson, le grand ailier rapproché acquis des Eagles de Philadelphie en 1992. Pendant sa première année avec nous, sa contribution fut remarquable. Mais au cours de la saison 1993-94, sa participation fut limitée à cause de légères blessures. Et lorsqu'il jouait, il n'était jamais vraiment en forme et sa performance était bien en dessous de ce dont il était capable. Pour s'assurer une chance au Super Bowl de 1995, nous ne pouvions nous passer du leadership de Keith Jackson. Sa façon calme de réagir aux victoires et aux défaites servait de modèle aux jeunes joueurs. En m'adressant à Keith Jackson de façon honnête et en attendant de lui une réponse tout aussi honnête, j'espérais pouvoir oublier la saison 1993-94. Keith a semblé apprécier ma franchise. Il savait que je ne lui aurais pas parlé en ces termes si je n'avais pas vraiment respecté son talent, ses capacités et l'homme qu'il était. Du moins, j'espère qu'il en fut ainsi.

J'essaie le plus possible que mes actes correspondent à mes paroles. De nombreuses années d'expérience m'ont toutefois appris à ne pas être aussi intense et émotif que j'en avais l'habitude. Mais j'espère que mes joueurs ont appris que je pense ce que je dis et que je dis ce que je pense. Selon moi, ce genre de cohérence est fondamentale pour être un entraîneur efficace. Quelle que soit la nature de votre engagement, le travail d'entraîneur vous demandera de vous renouveler sans cesse. Il vous donnera d'innombrables occasions de vous développer. Négocier avec les autres tout en dirigeant mettra votre caractère à l'épreuve, tout particulièrement si vous êtes une personne en vue sur le plan social. Vous subirez des pressions et devrez être prêt à y faire face en ayant des croyances solides, des attentes réalistes et une bonne approche des gens si vous voulez obtenir les résultats souhaités.

KEN BLANCHARD

Il vous est sans doute déjà arrivé de vous demander pourquoi votre voiture ne veut pas avancer, alors que vous avez tout simplement oublié de desserrer le frein à main. Lorsque vous vous en apercevez, vous relâchez le frein et la voiture fait un bond en avant. C'est ce qui arrive aujourd'hui dans les sociétés où il y a une différence entre les principes énoncés par les dirigeants et leur façon réelle de traiter leurs employés. Cela met un frein à l'évolution de l'entreprise. Beaucoup d'énergie se perd dans ces sociétés où les employés se plaignent continuellement du manque de cohérence de leurs patrons.

Au cours des dernières années, j'ai travaillé avec Michael O'Connor, auteur et consultant dans le domaine des valeurs organisationnelles. Son travail consiste à aider les entreprises à établir un système de «gestion selon les valeurs» en découvrant et en éliminant le fossé qui sépare leurs valeurs de leurs comportements. Dans quelle mesure les dirigeants font-ils exactement ce qu'ils disent? Une fois que la vision d'une organisation et de ses leaders a été clairement établie, il est possible d'examiner la conduite de ses dirigeants pour voir si elle correspond à cette vision.

La cohérence est le facteur clé de l'approche de «gestion selon les valeurs» que nous enseignons. Dans toutes les sociétés où ce mode de gestion a été instauré, l'éthique devenait la valeur de base. Une fois que leur mission et leurs valeurs opérationnelles étaient établies et communiquées à tout le monde, ces organisations devaient trouver une façon de réduire la différence entre leurs valeurs et leurs façons de diriger. Si un dirigeant incendiait un employé pour ce qu'il venait de faire ou ne pas faire et qu'ensuite il partait en trombe, on incitait l'employé à crier: «Fossé!» (Un des principes de cette éthique est de ne jamais diminuer l'estime de soi d'un individu). Le dirigeant et l'employé pouvaient alors s'asseoir et faire ce que l'on appelle «résoudre le problème en réorientant l'individu». Ils utilisaient à cette fin un questionnaire conçu pour les guider dans l'analyse du problème et dans l'élaboration d'un plan visant à l'éliminer. Si l'employé hésitait à affronter son patron, il pouvait requérir les services d'un médiateur pour faciliter la rencontre.

Chaque année, plus d'une centaine de sociétés me font parvenir leur bilan annuel par la poste. Chaque rapport commence par une phrase du genre: «Sans nos clients, nous n'existerions pas» ou encore «Nos employés sont notre ressource la plus précieuse.» De toute évidence, tous s'entendent pour dire que les clients et les employés jouent un rôle primordial. Mais que découvre-t-on en observant la façon dont ces sociétés traitent leurs clients et leur personnel? Un fossé. Par exemple, que se passe-t-il lorsqu'un client a un problème? La société l'accule au pied du mur et le soumet à un interrogatoire. Voilà pourquoi

«J'étais en visite au New Jersey, chez mon neveu Steve Dann, et je devais louer une automobile. Je me rendis donc à l'agence de location avec laquelle notre société fait habituellement affaire. Nous ne sommes pas leur plus gros client mais pour nous, c'est déjà pas mal. J'avais malheureusement oublié mon permis de conduire en Californie. Je demandai alors à mon neveu de me prêter le sien. Les ennuis commencèrent lorsque je présentai à l'employé ma carte de crédit accompagnée du permis de Steve. Le gars me lança sur un ton triomphal: "Le même nom doit apparaître sur la carte de crédit et sur le permis de conduire."

J'empruntai alors à Steve une carte de crédit et la déposai sur le comptoir. Le gars y jeta un coup d'œil puis regarda Steve et lui demanda: "Quel âge avez-vous?

– J'ai 24 ans.

– Il faut avoir 25 ans pour pouvoir louer une automobile à New York."

Déconcerté, je lui demandai: "Pourriez-vous consulter votre ordinateur? Ma société a un compte chez vous. Je suis sûr que vous y trouverez le numéro de mon permis de conduire.

– Écoutez", me dit le gars, en me jetant un regard sévère, "si vous voulez louer une automobile, apportez votre permis de conduire. Au suivant!"

J'admets qu'il est préférable d'avoir son permis de conduire pour louer une automobile, mais ce type est un vrai cauchemar en matière de service à la clientèle.

Quel contraste avec le traitement que Steve et moi avions reçu lors d'un voyage précédent à Syracuse. Je faisais alors affaire avec la petite agence avec laquelle j'ai l'habitude d'entrer en contact quand je me trouve dans cette ville. Lorsque j'ai avisé l'employée que j'avais oublié mon permis de conduire en Californie, elle m'a souri et dit: "Ne vous inquiétez pas pour ça, monsieur Blanchard. Votre numéro de permis de conduire est déjà dans l'ordinateur. En passant, vous n'aurez pas à le renouveler avant mai 1995. Nous allons inscrire votre neveu comme conducteur."

Pourquoi cette petite agence était-elle si différente? De toute évidence, la première n'avait pas lu les affiches installées un peu partout pour souligner l'importance des clients.

la majorité des clients ne se plaignent même pas; ils vont tout simplement ailleurs.

Il existe des fossés au sein des entreprises mais également dans nos vies personnelles. Nous disons que la famille est importante et pourtant, le couple américain moyen se parle seulement 7 minutes par jour alors que dans ces foyers, le téléviseur est allumé entre 5 et 6 heures par jour. Nous affirmons que notre santé nous importe, mais quand voit-on les gens se mettre à suivre un programme d'exercices ou à avoir une alimentation saine? Uniquement après une crise cardiaque. Nous devons tous trouver des moyens de réduire le fossé entre ce que nous disons et ce que nous faisons. En travaillant avec Don Shula, j'ai pu observer sa cohérence sur le plan du travail tout autant que dans sa vie personnelle. Il fut pour moi une source d'inspiration.

« *Le football est un sport sérieux qui met en jeu beaucoup de choses : l'argent, les emplois et la fierté des gens. Malgré cela, le sens de l'humour doit également être de la partie. Je me souviens de la première fois où je portais des lunettes pour arbitrer un match de la LNF. En nous rendant sur le terrain, les six autres officiels et moi passâmes devant Madden qui était entraîneur pour Oakland à cette époque. Il me regarda et dit : « Il y a 200 millions de personnes dans ce pays et nous n'arrivons pas à en trouver 7 qui ne portent pas de lunettes ? Ils éclatèrent tous de rire, et moi aussi.* »

■ Art Holst,
Ancien officiel de la LNF

DON SHULA

On m'a attribué divers surnoms au cours de ma carrière : « char d'assaut », « bulldozer », entre autres. Tout le monde parle de ma mâchoire saillante et de ce que j'ai déjà dit : « Je n'ai pas d'ulcères, j'en donne aux autres. » Mais pour moi rien ne vaut une bonne rigolade. Le sens de l'humour permet de ramener les choses à leur juste valeur. Si je dois être brusque et honnête avec un membre de l'équipe, j'espère qu'il pourra voir ça avec un certain recul et comprendre que j'essaie de tirer le meilleur de lui dans les intérêts de l'équipe. Un bon sens de l'humour aide également à accepter les critiques sans qu'elles ne vous détruisent. La critique n'est jamais une question de vie ou de mort. Un de mes plus grands plaisirs dans mon rôle d'entraîneur a été de travailler avec des joueurs qui avaient le sens de l'humour. Ils prenaient leur travail au sérieux mais eux-mêmes ne se prenaient pas trop au sérieux Ils m'incitaient à en faire autant.

Larry Csonka, nommé au Temple de la Renommée, était un type de ce genre. J'ai vu peu de gars aussi compétitif avoir autant de leadership que lui sur le terrain. Il était un combattant féroce et se donnait à 150 %. Et il attendait la même chose des autres. Larry Csonka est le seul joueur pénalisé pour violence gratuite alors qu'il jouait en position d'attaque. Il courait avec le ballon le long de la ligne de touche lorsqu'un plaqueur défensif s'approcha de lui. Lorsqu'il le vit arriver, Larry Csonka brandit son bras et expédia le joueur hors des limites. Comme Larry Csonka poursuivait sa course, un arbitre lança un drapeau. Je courus jusqu'à l'officiel pour lui demander pourquoi il y avait pénalité.

«Par le plaqueur?», demandai-je.

«Non! par ton porteur de ballon!»

Bien que Larry Csonka adorait jouer pendant les matchs, il n'avait pas toujours la même fougue aux séances d'entraînement. Notre personnel devait le motiver. La presse avait surnommé Larry Csonka, «Butch Cassidy» et Jim Kiick, son copain, le «Sundance Kid». Au cours de notre saison parfaite, je m'étais acharné sur leur sort pendant un certain temps. Je les poussais tous les deux, sans ménagement. Un jour, après une séance d'entraînement, j'étais allé prendre ma douche, comme d'habitude. Lorsque j'ouvris la porte, je me retrouvai nez à nez avec un alligator! Je fis un bond en arrière et me sauvai en courant, me dirigeant droit vers le placard de Larry Csonka.

Je m'écriai: «Qu'avez-vous fait, les gars?»

Larry Csonka sourit et répondit: «Ne nous engueule pas, coach. Tu devrais plutôt nous remercier: le reste de l'équipe voulait qu'on laisse la gueule de l'alligator ouverte, mais Jim et moi avons décidé de la lui coller.»

Une autre histoire que j'aime bien raconter concerne Jimmy Orr, le receveur talentueux que j'ai entraîné à Baltimore. Jimmy excellait pour attraper des passes mais il n'aimait pas faire les blocages de retour. Sa manie d'éviter les contacts physiques m'irritait. Je décidai alors de régler ce problème devant toute l'équipe. Pour faire valoir mon point de vue, j'ai parlé des longues courses du légendaire Jimmy Brown, joueur arrière pour les Browns de Cleveland et voilà ce que je leur ai dit: «Chaque fois que Jimmy Brown part à la course, il y a des receveurs comme Ray Renfrew qui effectuent des blocages clés pour lui. Ce sont ces blocages qui lui permettent de marquer ou de faire des gains de terrain considérables. Et pourtant, nous avons ici un receveur qui ne veut toucher à personne. Jimmy Orr, tu pourrais au moins te déplacer et essayer de te mettre sur le chemin de quelqu'un.»

«Ce sont les arbitres qui ont été le plus souvent la cible tant de la colère que de l'humour de Don Shula. "Don Shula est un gars très intense", raconte Art Holst, ancien officiel de la LNF, qui a longtemps côtoyé Don Shula. "Il m'a traité de taupe pendant des années", ironise-t-il. "Une fois, lors d'un dégagement effectué par Pittsburgh, il pensait que Pittsburgh était hors-jeu. Je n'étais pas d'accord. Un peu plus tard dans le match, Miami compléta une passe mais je signalai un blocage par derrière. Don Shula me suivait le long du terrain en criant: "Viens ici, espèce de taupe! Je veux te parler, espèce de taupe!"

– Je lui dis: "Que veux-tu, coach?"

– Je veux te parler de cette manœuvre que tu n'as pas remarquée le long de la ligne et de cette infraction que tu signales contre nous. Ce n'était pas un blocage par derrière!"

Je lui répondis: "Tu me connais, coach, je travaille dans la LNF depuis 8 ans, et je déclare tout ce que je vois. Je ne prends pas de décision sur ce que je n'ai pas vu."

Don Shula se retourna fit quelques pas puis, me faisant à nouveau face, sourit et me dit: "D'accord, Art, tu as raison. Mais tu es quand même une taupe!" Et nous avons ri tous les deux.

L'ancien officiel de la LNF, Jim Tunney, sourit rien qu'à entendre le nom de Don Shula. "Shula connaît tellement bien les règlements que les officiels le trouvent parfois intimidant. Mon histoire favorite à son sujet est celle-ci: J'arbitre dans un match opposant les Dolphins aux Redskins à Washington et nous avons un novice comme juge de ligne. Les Dolphins font une passe et il semble qu'il y ait obstructione 20 mètres plus loin sur le terrain, mais le juge ne dit rien. Don Shula commence à crier après moi: "Tunney!, Jim Tunney!, qu'est-ce qui se passe ici? Comme je n'étais pas en position pour prendre la décision, c'est l'opinion du juge de ligne qui comptait. Je me dirige donc vers lui pour lui demander ce qu'il a vu du jeu de passe du troisième essai. "Jim", me dit-il, 'il y a eu contact, mais les deux voulaient attraper le ballon." Je lui dis: "Alors, à ton avis, il n'y a pas eu obstruction?" "Non", répondit-il avant d'ajouter: "Maintenant, voulez-vous que j'aille voir l'entraîneur Don Shula pour le lui dire? J'ai ri et lui ai dit: "Si tu fais ça, je crois que tu auras à subir tout un programme de réorientation. Pas question que je te laisse aller là-bas!"

– Je vais alors parler moi-même à Don Shula qui se tient 3 ou 4 mètres à l'intérieur du terrain. Les entraîneurs ne sont pas autorisés à être là, mais Don Shula semble oublier parfois où se trouvent les lignes. Il se met aussitôt à crier après moi et je lui dis: "Recule un peu, coach, recule un peu." Je réussis à le faire reculer derrière la ligne de touche. Je place mes mains derrière mon dos, je prends un regard autoritaire et je lui dis: "Que puis-je faire pour toi, coach?" Il dit: "Il y a eu obstruction. Ce joueur de défense frappait notre receveur et je n'ai aucun doute là-dessus!" Je dis calmement: "Je viens tout juste de m'entretenir avec le juge de ligne.

Il dit qu'il y a eu contact mais que cela s'est fait des deux côtés. Il n'y a pas eu d'obstruction". Don Shula répond: "Jim Tunney, tu m'empoisonnes l'existence depuis 18 ans!" Et je réplique: "Non, coach, c'est plutôt depuis 19 ans." Il se met à rire, je me mets à rire également et tout s'arrête là."»

■Ken Blanchard

Jimmy Orr répondit: «Coach, avant que tu ne continues, pourrais-je dire quelque chose?

— Bien sûr.» répondis-je.

— Vous ne pouvez pas demander à un pur-sang de faire le travail d'un mulet.»

Cela me cloua le bec. Au beau milieu de la discussion, Jimmy Orr m'avait forcé à capituler. J'ai appris au fil des ans que l'idéal dans la vie consiste à travailler fort pour faire de son mieux tout en aimant ce que l'on fait. C'est ce qui contribue à créer un milieu honnête et ouvert.

KEN BLANCHARD

Ma mère m'a toujours dit que j'ai appris à rire avant de pleurer, à chanter avant de parler, et à danser avant de marcher. J'étais un enfant heureux. Le rire a fait partie intégrante de mon développement. À un certain moment, je me suis rendu compte que l'humour pouvait également être utile dans des situations stressantes et même jouer un rôle important dans l'apprentissage du leadership. J'ai été élevé d'une façon particulièrement intéressante. À New Rochelle, New York, j'ai fréquenté une école élémentaire où 95 % des étudiants étaient juifs. Durant les fêtes juives, tous les non-juifs étaient placés dans une classe à part. Nous étions vraiment très peu nombreux. Au cours de ma sixième année d'école, nous avions participé à un tournoi de basket-ball et nous étions arrivés en finale contre une école qui était fréquentée à 95 % par des Noirs. Cette école avait, au sein de son équipe, un jeune grand et fort, du nom de Earl Forte.

Tous ses coéquipiers l'appelaient «boulette de viande». Nous lui arrivions tous à la poitrine.

J'avais toujours été un bon marqueur mais ce jour-là, j'ai eu un match de rêve. Presque tous mes lancers atteignaient le panier. Nous avions gagné et après le match, j'étais allé me changer au vestiaire. En passant, je vis Earl assis devant son casier et je lui dis: «Beau match, boulette de viande!» Il bondit aussitôt, m'attrapa par le col et me lança contre le casier en criant: «Seuls mes amis peuvent m'appeler boulette de viande!» Je ne sais pas où j'avais trouvé la force, étant si jeune, de lui répliquer en souriant: «Oh, alors, on pourrait peut-être devenir amis?» Il capitula, me déposa par terre et répondit: «Tu es un bon gars.» Après l'école élémentaire, nous fréquentâmes le même lycée. Lorsque je posai ma candidature pour la présidence de la classe de septième année, Earl devint un des organisateurs de ma campagne. Lui et moi sommes demeurés bons amis tout au long de nos études.

Je crois que les directeurs des sociétés d'aujourd'hui se prennent trop au sérieux. On dirait que leurs vêtements sont trop ajustés. Un sourire narquois ou une bonne rigolade sont rares dans une entreprise. Il est difficile d'être honnête et direct avec des gens dont l'ego et la fierté sont toujours au premier plan. Pour viser l'amélioration continue, les gens ont besoin de connaître les réactions de leurs patrons. Mais cela est possible uniquement dans un milieu où les gens n'auront pas à se défendre constamment. Pour fêter chacun de mes anniversaires, notre société me met en boîte. Les employés prennent alors plaisir à ridiculiser mes petites manies en me parodiant, entre autres choses. Margie dit: «Je dois avoir épousé un drôle de personnage.» Ma mère était en ville le jour de mes 40 ans pour célébrer cet anniversaire avec nous. Alors que tout le monde riait et s'amusait à mes dépens, ma mère se tourna vers moi et me dit: «Si c'est toi qui es le responsable ici, pourquoi tout ce monde se moque-t-il de toi?» En vérité, j'ai toujours été fier que les gens se sentent assez à l'aise pour faire des blagues à mon sujet. Cela nous donne le ton et nous empêche de nous prendre trop au sérieux.

Lorsque je sens que je commence à me prendre trop au sérieux, je me mets à sauter à la corde. J'avais l'habitude de faire du jogging, mais j'ai eu des problèmes aux genoux. Les gens m'ont conseillé de faire de la marche mais je ne trouvais pas cet exercice suffisamment vigoureux. Il y a quelques années, j'ai parlé à un docteur qui avait travaillé au sein du Comité médical olympique. C'est lui qui m'a suggéré le saut à la corde. Il disait que c'était plus dynamique que la marche mais moins dangereux que la course parce qu'on garde toujours un pied au sol. Vous devriez voir la tête des automobilistes lorsqu'ils me voient sauter à la corde dans la rue. Le bon côté de cet exercice, c'est que vous ne pouvez le pratiquer sans rire. Qui sont les adeptes du saut à la corde? Les enfants. Tom Crum, un ami à moi, auteur de *The Magic of Conflict*, a beaucoup côtoyé les jeunes lorsqu'il enseignait les arts martiaux. Quand il travaille avec de jeunes enfants, il ne demande jamais de volontaires pour une activité parce que tout le groupe lèverait la main. Personne ne leur a encore dit qu'on pourrait se moquer d'eux. Par contre, lorsqu'il travaille avec des adolescents du lycée, il doit choisir à l'avance les volontaires: ils ont tous peur d'avoir l'air bêtes.

Il en est de même lorsqu'un enfant frappe une balle de golf. Quelle est sa réaction lorsqu'il manque son coup? Il se met à rire et appelle ses amis. Mais quand un adulte manque une balle, il en est horrifié et regarde rapidement autour de lui pour s'assurer que personne ne l'a vu. On dirait que nous réprimons l'enfant en nous. Selon Tom Crum, nous vivons en fonction du jugement des autres plutôt que de la découverte. Quand en affaires, l'accent est uniquement mis sur la nécessité de bien faire les choses, nous n'avons jamais le plaisir de pouvoir nous exclamer, face à une erreur: «Comme c'est intéressant!» Tom Crum donne également, tous les hivers, un cours intitulé «La magie de skier à Aspen». Lorsque ses étudiants dévalent la côte, complètement déséquilibrés et prêts à tomber, il leur fait crier «OUI» avec un grand sourire. Il est surprenant de voir combien la chute est moins douloureuse, comparativement à celle d'un skieur qui essaie de bien paraître et que la tension fait grimacer à l'approche d'une chute inévitable. Il est également étonnant de constater à quel point une attitude enfantine face aux chutes aide à prévenir les blessures qui sont souvent causées par le raidissement des muscles.

Au sein des organisations, ceux que la tension fait grimacer font également l'erreur de vouloir trop bien paraître. Cela se produit fréquemment. J'ai déjà participé à un programme avec Norman Cousins, auteur du livre *La biologie de l'espoir, le rôle du moral dans la guérison*. Il disait: «Si un jour tu tombes malade, ne va surtout pas à l'hôpital. La nourriture y est infecte, les téléviseurs sont installés beaucoup trop haut et tu te casses le cou pour les regarder, sans compter qu'on te dérange constamment pour te faire des piqûres. Va plutôt dans un bon hôtel où le service aux chambres est excellent et embauche une infirmière et un docteur qui viendront te voir à *ta* convenance.» Lorsque Norman Cousins fut atteint d'un cancer, c'est exactement ce qu'il fit. Par surcroît, il ne recevait que les visiteurs qui avaient apporté un film comique ou qui avaient une bonne blague à lui raconter. Les films des frères Marx et des trois Stooges étaient ses préférés. Le rire l'a guéri du cancer et a fait de lui un leader dans le domaine de la guérison par l'humour.

Il est évident que Don Shula et les Dolphins de Miami affichent beaucoup de sérieux dans leur désir de gagner. Cela s'observe durant les séances d'entraînement, lors des conversations le long des lignes de touche et dans les vestiaires. Mais il est agréable de constater que l'humour tient toujours une place importante. Cela donne un cachet particulier aux victoires et aide à guérir les blessures qu'engendrent les défaites.

«*Mon but dans la vie est d'être un vulgari-sateur des sciences appliquées au comporte-ment. Il faut démystifier la science du com-portement et appliquer ses principes de façon concrète pour qu'elle devienne utile à tous.*»

■ Ken Blanchard

KEN BLANCHARD

Eh bien, c'est terminé. Don Shula vous a fait part de ses cinq secrets pour être un entraîneur efficace, et moi je vous ai montré de quelle façon mettre ces principes en pratique au sein d'une organisation. Je pense que notre pays a besoin de plus de leaders qui devraient:

1. Être capables de prendre position, avoir des CONVICTIONS.

2. Être prêts à se retrousser les manches et à faire tout ce qu'il faut pour atteindre les objectifs établis. Croire en l'OPTIMISATION grâce à un entraînement parfait.

3. Être disposés à modifier un plan de match déjà établi pour s'adapter aux situations. Être orientés vers l'action mais faire preuve d'ADAPTABILITÉ..

4. Avoir une réaction prévisible face à la performance. Faire preuve de COHÉRENCE en sachant féliciter, réorienter et réprimander aux moments propices.

5. Être clairs et directs en intervenant auprès des autres. Baser leurs actes sur l'HONNÊTETÉ.

Maintenant que vous connaissez notre philosophie de l'entraînement et que vous avez vu ses applications dans une variété de domaines autres que le football, vous êtes prêt à vous regarder dans le miroir et à évaluer votre propre efficacité en tant qu'entraîneur. Cet exercice comporte deux volets: réfléchir sur le passé et planifier l'avenir.

Chaque fois que je me retrouve en présence d'un gagnant qui me fait part des secrets de sa réussite, je *réfléchis sur mon passé*. Mes expériences personnelles d'échec et de succès me reviennent à l'esprit.

L'expérience d'un échec

Lorsque j'ai commencé à côtoyer Don Shula et à connaître ses principes d'entraîneur, je me suis souvenu de mon premier contrat dans l'enseignement à l'Université d'Ohio. Fraîchement diplômé, j'avais été embauché comme adjoint administratif du doyen de la Faculté d'administration. Harry Everts, mon patron, voulait que tous les adjoints donnent au moins un cours. Il m'assigna au département de gestion et demanda au directeur du département, Paul Hersey, de m'attribuer une classe. Je n'avais jamais envisagé enseigner. Tous mes professeurs d'université m'avaient dit que je ne pourrais jamais enseigner parce que mon style d'écriture n'était pas assez conventionnel. (Ce qui signifiait, je l'ai appris plus tard, que les lecteurs pouvaient comprendre ce que j'écrivais). Je devais donc développer rapidement une stratégie d'enseignement. Lorsque j'étais étudiant, l'enseignement de style autoritaire m'avait toujours rebuté. J'optai alors pour l'approche humaniste. Le premier jour de classe, je dis aux étudiants: «Je suis Ken Blanchard, votre professeur pour ce cours. Vous pouvez m'appeler Ken. Nous allons donner ce cours ensemble. Ne vous souciez pas des notes, il vous faudra faire un effort pour ne pas obtenir un *A*.»

Je poursuivis en expliquant aux étudiants à quel point ce cours allait être intéressant mais je leur dis toutefois: «Si vous croyez avoir quelque chose de plus important à faire, je vous en prie, faites-le. Présentez-vous en classe uniquement si vous voulez vraiment participer à cet apprentissage. Si vous choisissez de ne pas venir, je vous ferai passer, à la fin des cours, un examen portant sur le livre. Le résultat obtenu à cet examen constituera votre note finale.» Après cette déclaration, je suggérai à ceux qui préféraient subir le test à la fin des cours de quitter la classe. À ma grande surprise, en quelques minutes, le nombre d'étudiants passa de 110 à 8. Ils m'ont presque renversé alors qu'ils passaient la porte en criant: «Nous en avons trouvé un!» Ils ont parlé à tous leurs amis de ce cours facile qu'ils avaient choisi, et le nombre d'inscriptions pour le cours a tellement grimpé que la période d'inscription a dû être écourtée. Le semestre suivant, le doyen ne voulait pas que mon nom figure sur la liste des enseignants parce que tous les étudiants m'auraient choisi. Mon supérieur me tint un discours sur les bienfaits de l'autorité dans une classe. On m'attribua la réputation d'être un casseur d'évaluation, celui qui met des notes trop hautes et fiche en l'air la moyenne soigneusement établie par les autres. On m'avait reproché de vouloir être trop près des étudiants. Lorsque je prenais l'ascenseur, les autres membres du personnel enseignant évitaient mon regard. J'étais populaire auprès des étudiants, mais je n'obtenais aucun respect de la part du corps professoral. Les résultats de l'examen final étaient bien au-dessous de la norme. Les étudiants ne connaissaient pas la matière. Pouvez-vous imaginer ce que Don Shula m'aurait dit si j'avais été un des ses adjoints et que j'avais agi de la sorte? Je n'ai pas su être un C.O.A.C.H. gagnant.

L'expérience d'une victoire

Il y a quelques années, mon bon ami Carlos Arbelaez et moi avons accepté d'entraîner l'équipe de football de nos jeunes fils. On accorde beaucoup d'importance au sport pour les jeunes dans le sud de la Californie. Par exemple, chaque club sportif commence ses activités par une soirée de planification. Les entraîneurs s'y retrouvent pour former les équipes. Ils tirent des numéros et sélectionnent les joueurs selon un ordre déterminé, tout comme cela se fait dans les organisations sportives professionnelles. Carlos et moi ne pouvions assister à cette réunion. Nous demandâmes donc aux organisateurs de sélectionner notre équipe qui devait comprendre, entre autres, nos fils David et

Scott. Parmi un groupe de jeunes âgés entre 10 et 12 ans, on ne nous avait assigné que deux très bons joueurs. Cependant, nous comprîmes rapidement que ces joueurs avaient été refusés par les autres entraîneurs à cause de leurs problèmes de comportement.

Aussitôt que nous reçûmes la liste des joueurs, nous invitâmes les parents et les jeunes à assister à une réunion qui se tenait chez moi. Nous mîmes les parents au courant de notre approche en leur disant ceci: «Nous voulons partager avec vous notre vision de l'équipe afin que vous puissiez décider si vous acceptez que votre garçon joue pour nous, ou pas.» Ils furent surpris car ils avaient présumé que leurs jeunes feraient automatiquement partie de l'équipe simplement parce qu'ils étaient inscrits. Nous leur expliquâmes que Carlos (qui avait joué au football au collège) se chargerait du volet athlétique de l'entraînement tandis que j'en superviserais les aspects humains. Nous leur décrivîmes les quatre catégories que l'on retrouve au football: (1) les joueurs, qui sont en short et jouent; (2) les entraîneurs, qui vont et viennent sur les lignes de touche; (3) les arbitres, qui ont un chandail rayé et un sifflet; et (4) les parents, assis dans les gradins, qui encouragent les équipes.

Nous les avisâmes qu'il fallait bien distinguer le rôle de chacun. Les jeunes, par exemple, ne peuvent arbitrer. Les parents non plus d'ailleurs. Tout comme ces derniers ne seront pas invités à entraîner l'équipe. Et ils étaient évidemment trop vieux pour se lancer sur le terrain. Il serait très avantageux pour l'équipe que chacun comprenne bien son rôle et sache comment nous allions procéder.

Une fois les rôles bien établis, nous leur fîmes part de notre vision de l'équipe. Nous partageâmes avec eux les quatre objectifs de l'apprentissage destiné aux jeunes. Nous comptions leur enseigner les notions suivantes:

1.   Les habiletés: Carlos était un joueur de football expérimenté, avide d'enseigner aux enfants les bases du jeu.

2.   Le travail d'équipe et la coopération: Le football n'est pas un sport individuel. Les jeunes devraient donc apprendre à travailler ensemble.

3.   Un bon esprit sportif: Pour nous, il s'agissait là d'une leçon importante que les jeunes devaient apprendre le plus tôt possible. À leur âge, la victoire est moins importante que leur façon de jouer.

4.   Le plaisir: Les jeunes oublient parfois la notion de plaisir pendant les sports de compétition. Puisque nos jeunes étaient d'abord des enfants avant d'être des joueurs, nous voulions qu'ils s'amusent.

Un parent leva la main et demanda: «Et qu'en est-il de la victoire?» Je répliquai: «La victoire vient après avoir mis en pratique ces quatre notions. Si nous pouvons apprendre aux jeunes certaines habiletés, le travail d'équipe, la coopération, l'esprit sportif et qu'en même temps, ils s'amusent, les Santos (notre équipe) gagneront plusieurs matchs. Cependant, nous voulons qu'il soit bien clair que nous ne ferons aucun compromis sur ces quatre objectifs dans l'unique but de gagner.»

Carlos et moi avions expliqué nos attentes de façon bien précise. Si un joueur talentueux n'avait pas une bonne attitude sportive, nous l'enverrions sur le banc. Si un autre joueur cherchait à se faire remarquer en négligeant le travail d'équipe, celui-là aussi serait temporairement retiré du jeu. Nous ferions en sorte que chaque joueur bénéficie du même temps de jeu. Si les joueurs plus expérimentés désiraient gagner, il leur faudrait encourager et aider les joueurs moins talentueux. Il s'agirait vraiment d'un travail d'équipe. Un certain nombre de parents et de jeunes semblaient sceptiques mais finalement, tous acceptèrent de respecter notre philosophie.

Après la réunion, nous avions dit à Kevin et Mike, les deux jeunes talentueux mais «turbulents», que nous voulions leur parler en privé, avant le début de la séance d'entraînement. Nous avions convenu avec eux de nous rencontrer le lendemain

chez Baskin-Robbins, un magasin de crème glacée. À leur arrivée, nous pouvions deviner, d'après leur expression, qu'ils s'attendaient à un sermon. Alors nous les avons complètement
déroutés en leur disant: «Nous sommes vraiment heureux de
vous avoir dans notre équipe. On nous a dit que vous êtes de très
bons joueurs. Nous aimerions que vous deveniez nos entraîneurs adjoints.» Les jeunes n'en croyaient pas leurs oreilles.

Pendant nos séances d'entraînement, avant que ne débu-
tent les matchs du groupement, Carlos conçut des exercices
quotidiens amusants pour apprendre aux garçons les bases du
jeu à l'attaque et à la défense: les coups de pied, les passes, le
dribble, le blocage, etc.. Il demandait souvent à Kevin et à Mike
de faire des démonstrations. Lui et moi observions les jeunes et
les félicitions de leurs progrès, tout en réorientant leurs efforts.
Nous devions nous assurer que tous possédaient les rudiments
du jeu. Après quelques séances d'entraînement, nous fûmes en
mesure de déterminer la position qui correspondait le mieux à
chaque joueur.

Comme le jour du premier match approchait, Carlos commença à mettre l'accent sur le travail d'équipe et l'importance
des contributions individuelles dans l'effort collectif des Santos.
Nous organisâmes quelques échanges pour que les joueurs
moins expérimentés puissent bénéficier de temps de jeu avant
le début des matchs. À partir du moment où la compétition
commença, je me suis mis à rédiger, chaque semaine, un com-
muniqué dans lequel on retrouvait un résumé du dernier match
ainsi que des commentaires soulignant les efforts des jeunes.
Qu'ils soient adressés à un individu en particulier ou à l'équipe
tout entière, je m'assurais que mes compliments soient bien
spécifiques. Chacun de ces communiqués se terminait par un
commentaire sur ce qu'il fallait améliorer pour chaque jeune de
l'équipe. La lettre était écrite sur un ton optimiste et j'en en-
voyais une copie aux parents. Tout le monde trouva que cela
nous aidait à garder nos objectifs en tête et nous donnait chacun
un sentiment d'appartenance.

J'ai aussi reçu une leçon sur l'adaptabilité et l'utilisation des ressources de notre équipe. Carlos, mon partenaire et l'expert en football de notre dynamique duo, ne pouvait assister au match le plus important de l'année. Ses responsabilités professionnelles le retenaient à l'extérieur de la ville. Jusqu'à ce jour, nous n'avions subi aucune défaite; mais cette fois, nous devions affronter le meilleur entraîneur du groupement et son équipe qui n'avait également connu que des victoires. Le moins que l'on puisse dire, c'est que j'étais inquiet. Je m'y connaissais bien en relations humaines, mais pas en football. En arrivant sur le terrain, je vis Kevin et Mike qui m'y attendaient, ces deux jeunes qui étaient censés avoir des problèmes de discipline. Ils me dirent: «Monsieur Blanchard, nous avons pensé que le match vous rendrait nerveux, alors nous voulons vous rassurer: nous maîtrisons la situation.» Sous la supervision de Mike et Kevin, les jeunes ont donné tout ce qu'ils pouvaient pendant le match. Alors qu'il ne restait que trois minutes de jeu, nous avons compté le but qui brisait l'égalité de 1-1. Mike et Kevin prirent aussitôt la place de deux joueurs défensifs. Je ne comprenais pas ce qu'ils faisaient alors je les appelai et je leur dis: «Que faites-vous là?»

Mike répondit: «Nous allons simplement mettre notre rapidité au service de la défense en vue de conserver notre avance.»

– Cela me semble une excellente idée», leur répondis-je en souriant. Je ne sais vraiment pas ce que j'aurais fait sans eux. Grâce à leur précieuse contribution, notre équipe est demeurée invaincue et nous avons gagné le tournoi. Nous n'avons jamais fait de compromis sur notre vision et nos croyances. Des liens étroits s'étaient établis entre les parents, les jeunes et les entraîneurs. Je crois que Don Shula aurait été fier de nous. Tous les éléments de l'acronyme C.O.A.C.H. avaient été mis à contribution.

« *L'apprentissage se définit comme une mo-dification du comportement. Vous n'avez rien tant que vous n'êtes pas passé à l'ac-tion et que vous n'avez pas mis vos connais-sances en pratique.* »

■ Don Shula et Ken Blanchard

DON SHULA et KEN BLANCHARD

«Qui croit en vous?», demanda l'animateur aux participants d'un séminaire sur la gestion. Pour réponse, l'un d'entre eux raconta cette histoire: «Adolescent, je tondais le gazon chez mes voisins. Lorsqu'ils s'apprêtèrent à partir en vacances pour trois semaines, ils me chargèrent de veiller sur leur maison. Au moment où ils me remirent les clefs de leur résidence, j'eus une étrange sensation: ils me faisaient confiance, et ils s'attendaient à ce que je fasse du bon travail. Ils ne furent pas déçus.»

«*Qui croit en vous?*» Paul Brown a été le mentor et l'entraîneur de Don Shula au football. Ken Blanchard a eu sa mademoiselle Symmes, qui a su déceler ses talents d'écrivain. Vous avez peut-être également eu quelqu'un dans votre vie qui vous a dit ou fait quelque chose pour vous faire prendre conscience de votre valeur. La perception qu'une telle personne pouvait avoir de vous a agi comme un déclencheur. Vous avez alors pensé: «Eh bien, si elle croit que je peux le faire, c'est sûrement vrai.» Le défi était d'aller puiser en vous les ressources pour mettre à jour ce potentiel. Et vous l'avez fait!»

La question est la suivante: «Comment faire naître cette étincelle de confiance chez les autres? Tout au long de votre vie, vous vivrez des situations où vous devrez mettre en œuvre vos talents d'entraîneur. Ces occasions se présenteront dans votre rôle en tant que dirigeant, parent, entraîneur de groupement mineur ou chef d'un groupe de scouts. Les secrets livrés dans ce livre vous permettront de relever ces défis.

Lorsque Heather Whitestone gagna le concours de Miss America en 1994, on attira l'attention sur son passé. Comment une fille sourde depuis sa naissance avait-elle pu surpasser toutes les autres belles et talentueuses concurrentes et remporter ce titre tant convoité? Le secret d'Heater résidait dans la foi et la confiance que sa mère, Daphne Gray, lui avait toujours témoignées. Daphne refusait radicalement de considérer la surdité de sa fille comme un handicap et elle était persuadée qu'Heather pourrait devenir qui elle voulait. Elle a transmis cette conviction à sa fille qui est devenue une brillante jeune fille épanouie. L'histoire de cette réussite s'apparente à une autre histoire bien connue: Helen Keller, cette personne qui aurait dû être rejetée d'après les normes de la société, a eu la chance d'être prise en charge par une enseignante qui croyait en elle. Cette bienfaitrice a semé en elle l'espoir que tout était possible. Grâce à la conviction de cette enseignante, Helen est devenue une femme pleine de sagesse qui est un modèle à travers le monde.

Ainsi, votre rôle vous procurera toujours des occasions d'encourager les gens. Mais il ne faut pas vous arrêter là. D'autres occasions de déceler le potentiel des autres se présenteront à vous tous les jours, où que vous alliez. Vous n'avez qu'à garder les yeux bien ouverts. Lorsque Norman Vincent Peale célébra son 90e anniversaire, les gens se levèrent chacun leur tour pour témoigner de l'importance qu'il avait eu dans leur vie. Quand Norman prit la parole, il raconta une anecdote qui résumait bien le travail de toute une vie vouée à servir d'entraîneur spirituel pour des millions de personnes. Voici un extrait de son discours:

«Lors d'un récent voyage en avion, j'avais remarqué que l'homme d'affaires assis à mes côtés semblait soucieux. Je décidai donc d'engager une conversation avec lui.

«Comment allez-vous?», lui demandai-je.

«Oh, je ne vais pas très bien», répondit-il.

«Qu'y a-t-il de mal à cela?

– Je ne suis pas certain de pouvoir bien faire le travail.

– Oui, vous le pouvez!

– Comment pouvez-vous en être si convaincu?

– Vous ferez du bon travail si vous *croyez* pouvoir le faire.»

Je lui recommandai ensuite de commencer chaque journée en se répétant: «*Penser* grand! *Agir* grand! *Être* grand! *Penser* grand! *Agir* grand! *Être* grand!» Au moment de l'atterrissage, cet homme avait déjà un tout autre état d'esprit.»

C'est aussi simple que cela. Vous pouvez même jouer un rôle d'entraîneur auprès d'un parfait étranger. Une ouverture se présente et vous n'avez qu'à en profiter. Cela peut se produire lors d'une conversation avec l'enfant d'un voisin, le parent d'un ami ou l'employé d'une quelconque entreprise. Lorsque quelque chose vous attire vers une personne, fiez-vous à votre intuition. Partagez votre vision, tout comme l'a fait Norman Vincent Peale. Vous pourriez avoir une influence déterminante dans la vie de cette personne. Ce qui est vraiment important dans le rôle d'un entraîneur ne concerne pas le talent, ni la personnalité, ni la fierté, ni l'ambition. Il s'agit surtout de croire en quelqu'un d'autre, et ensuite, de faire tout ce qui sera nécessaire pour encourager cette personne à être la meilleure possible.

L'épanouissement des talents

En prenant connaissance de la philosophie d'entraîneur de Don Shula, vous pouvez faire un retour sur le passé et analyser vos succès et vos échecs. Mais une autre façon de faire sa propre évaluation consiste à *planifier l'avenir* en comparant votre approche actuelle aux secrets du plan de match de Don Shula. Cet exercice effectué, vous saurez comment mettre en pratique, concrètement, les enseignements de ce livre et aider les autres à donner le meilleur d'eux-mêmes.

Vous trouverez, dans les pages suivantes, une «feuille de match» à conserver. Elle vous aidera à identifier des objectifs pour améliorer vos talents d'entraîneur et vous permettra de faire un suivi de vos progrès.

Les cinq secrets représentés par l'acronyme C.O.A.C.H. y sont traités. Chaque secret est décomposé en éléments plus spécifiques auxquels se rapporte une série de questions. Ces dernières vous permettront d'évaluer votre performance dans des domaines bien précis. S'il vous semble impossible de répondre à une question, cela vous indiquera qu'il s'agit d'un domaine où il y a sûrement place à l'amélioration.

Après avoir répondu à une série de questions, retournez au thème principal pour déterminer s'il s'agit, d'après vos réponses, d'une de vos *forces*, ou plutôt d'un domaine *à améliorer*. Vous pourrez ainsi évaluer votre performance actuelle en tant qu'entraîneur en fonction de votre comportement avec autrui.

Un plan d'amélioration continue peut être établi en suivant les étapes ci-mentionnées :

1. Commencez par faire votre évaluation personnelle dans chacun des domaines présentés. Ceci sera le point de départ de votre démarche de perfectionnement.

2. Déterminez un ou deux domaines sur lesquels vous voulez travailler. Entraînez-vous pendant quelques semaines pour vous améliorer dans ces domaines. Ensuite, faites une nouvelle évaluation.

3. Identifiez un autre objectif particulier qui vous permettra de vous améliorer et continuer à vous entraîner. Procédez ainsi pour chacun des domaines.

4. Présentez cette «feuille de match» aux personnes de votre entourage en leur demandant de vous faire part de leurs

réactions par rapport à ces principes d'entraîneur. (Cela peut se faire de façon anonyme, si nécessaire). Puis, à une date ultérieure, revenez leur demander à nouveau leurs impressions pour vérifier si elles vous perçoivent maintenant différemment.

Feuille de match

Conviction

1. Exprimer une vision. (Veuillez cocher)

    Force _____ À améliorer _____

    - Quelle est votre vision pour votre société, votre service, votre équipe, ou votre famille?
    - Quelles sont les croyances qui soutiennent votre vision?
    - Quel genre d'équipe cherchez-vous à construire? Dans quelle mesure avez-vous clairement transmis votre vision?
    - Quelle importance accordez-vous à la notion de plaisir dans votre plan de match?

2. Ramener la victoire et l'échec à leur juste valeur.

    Force _____ À améliorer _____

    - Que signifie, pour vous, la victoire?
    - Que signifie, pour vous, l'échec?
    - Lorsque vous vivez un échec, avez-vous tendance à vous apitoyer sur votre sort, ou transformez-vous plutôt cette situation en occasion d'apprendre de vos erreurs?
    - Dans quelle mesure êtes-vous apte à vous remettre d'un échec?

213

3.   Diriger par l'exemple.

Force _____ À améliorer _____

- Quel modèle représentez-vous auprès de ceux que vous entraînez?

- Demandez-vous aux autres de faire des choses que vous ne seriez pas, vous-même, disposé à faire?

- Combien de temps et d'efforts supplémentaires êtes-vous prêt à investir dans votre travail?

- Êtes-vous engagé dans la cause ou seulement intéressé?

4.   Rechercher le respect avant la popularité.

Force _____ À améliorer _____

- Quelle importance accordez-vous au fait d'être aimé?

- De quelle manière vous impliquez-vous auprès des membres de votre équipe?

- Lesquels de vos qualités ou agissements suscitent le respect des autres?

- Pour quelles raisons aimeriez-vous que l'on se souvienne de vous?

5.   Valoriser la personnalité d'un individu autant que son potentiel.

Force _____ À améliorer _____

- Quels sont vos critères de sélection pour les membres de votre équipe?

- Selon vous, lequel de ces facteurs est le plus important: le talent ou la personnalité?

- Vos choix sont-ils déterminés en fonction d'une performance à court terme ou à long terme?

6.   Prendre plaisir à travailler.

Force _____ À améliorer _____

- Quel travail seriez-vous disposé à effectuer avec acharnement sans être rémunéré?

- À quel moment ressentez-vous le plus de satisfaction: lorsque la session d'entraînement commence ou lorsqu'elle prend fin?

- L'entraînement représente-t-il pour vous une lourde tâche ou plutôt une source de satisfaction?

Optimisation

1. Limiter le nombre d'objectifs à atteindre.

    Force _____ À améliorer _____

- Sur combien d'éléments à la fois faites-vous travailler les gens que vous entraînez?

- Comment intégrez-vous l'autogestion au sein de votre équipe?

- Dans quelle mesure vous assurez-vous que les choses les plus importantes soient également les choses les plus urgentes pour les membres de votre équipe?

2. S'assurer que les gens maîtrisent bien les tâches à accomplir.

    Force _____ À améliorer _____

- Quelle rigueur démontrez-vous en tant qu'entraîneur pour que les gens connaissent bien les tâches qui leur sont attribuées?

- Considérez-vous le fait de pouvoir jouer sur «pilote automatique» comme un élément important au niveau de la performance de votre équipe?

3. Réduire le nombre d'erreurs durant les séances d'entraînement.

    Force _____ À améliorer _____

- Quelle importance accordez-vous en tant qu'entraîneur à la notion d'apprentissage continu?

- Quelle attitude avez-vous face au processus d'apprentissage? Quelle est votre approche vis-à-vis des changements à effectuer lorsqu'une stratégie ne fonctionne pas?

- De quelle manière êtes-vous disposé à combler le fossé existant entre les valeurs que vous préconisez et votre façon de les mettre en pratique dans l'exercice de vos fonctions?

Adaptabilité

Force _____ À améliorer _____

- Jusqu'à quel point êtes-vous flexible?

- Laissez-vous parfois votre ego (votre besoin d'avoir raison ou de gagner) déterminer votre prise de décision?

- Comment accueillez vous les suggestions des autres?

- Dans quelle mesure entraînez-vous les membres de votre équipe à être prêts à modifier le plan de base?

Cohérence

Force _____ À améliorer _____

1. La gestion des conséquences.

- De quelle façon orientez-vous la performance des individus pour pouvoir gérer adéquatement les conséquences?

- Êtes-vous cohérent dans votre attitude face à la performance?

- Agissez-vous toujours de la même façon dans des situations similaires; c'est-à-dire en complimentant les bonnes performances et en réprimandant ceux qui produisent une performance en dessous de vos attentes?

2.   Faire vivre des conséquences positives.

Force _____ À améliorer _____

- À quel niveau situez-vous l'importance de faire des compliments dans votre stratégie d'entraîneur?

- À quel point êtes-vous présent pour constater les bonnes actions des individus et leur donner une tape dans le dos pour les féliciter?

- Vos compliments arrivent-ils à temps? Sont-ils assez précis? Font-ils suffisamment état de vos sentiments?

- Lorsque quelqu'un est en période d'apprentissage, attendez-vous qu'il réussisse une manœuvre à la perfection avant de le féliciter ou encouragez-vous plutôt les progrès au fur et à mesure qu'ils se présentent?

3.   Réorientation.

Force _____ À améliorer _____

- Corrigez-vous et réorientez-vous une personne dès que vous constatez que sa performance est défaillante?

- Réagissez-vous de la même façon quand une erreur est commise par un débutant que lorsque la même erreur est produite par un joueur expérimenté?

4.   Faire vivre des conséquences négatives.

Force _____ À améliorer _____

- Jusqu'à quel point êtes-vous prêt à réprimander quelqu'un qui «peut» mais qui ne «veut» pas.

- Après avoir réprimandé quelqu'un, prenez-vous le temps de revenir sur les bonnes performances passées de cet individu?

5.   Éviter de ne pas réagir.

Force _____ À améliorer _____

217

- Pourrait-t-on vous blâmer de ne pas avoir remarqué la bonne performance d'un individu?

- Avez-vous déjà joué à la «mouette» avec les gens que vous supervisez; c'est-à-dire, descendre en piqué, faire beaucoup de bruit, vous décharger sur tout le monde pour ensuite vous envoler au loin?

Honnêteté

1. Être intègre.

   Force _____ À améliorer _____

   - Êtes-vous perçu par les autres comme étant une personne honnête?

   - Comment arrivez-vous à conserver une vision globale des choses?

   - Êtes-vous impatient? Voulez-vous toujours tout obtenir sur-le-champ? Ou faites-vous plutôt confiance à l'avenir?

   - De quelle manière représentez-vous un modèle d'intégrité pour les membres de votre équipe? Croyez-vous qu'il soit profitable d'être intègre? Croyez-vous devoir tricher pour gagner?

2. Faire montre de fiabilité.

   Force _____ À améliorer _____

   - Peut-on se fier sur vous? Respectez-vous vos engagements?

   - Vous méritez-vous la confiance des gens que vous entraînez?

   - Dans quelle mesure ressentez-vous l'honnêteté des membres de votre équipe?

   - Joignez-vous toujours le geste à la parole?

3. Avoir le sens de l'humour.

Force _____ À améliorer _____

- Quelle place accordez-vous à l'humour dans votre rôle d'entraîneur?

- Vous arrive-t-il d'être la cible de l'humour des autres? Êtes vous capable de rire de vous-même?

- Pouvez-vous prendre votre travail au sérieux sans vous prendre vous-même trop au sérieux?

Bonne chance! Les secrets d'entraîneur qui vous ont été transmis dans ce livre ont fait leur preuve pendant plus de trois décennies. À vous aussi, il pourront apporter un demain meilleur qu'aujourd'hui, une semaine prochaine meilleure que la semaine dernière, un mois prochain mieux que le dernier mois et une prochaine année encore plus florissante que l'année dernière. Rappelez-vous que le rôle d'entraîneur comporte des responsabilités importantes que vous aurez à assumer. Pouvoir aider les autres à faire de leur mieux est un défi hors pair. Sachez être à la hauteur!

À propos des auteurs

- *Don Shula* est l'entraîneur de football professionnel ayant remporté le plus de victoires de toute l'histoire de la LNF. En 1993, il a été nommé le sportif de l'année par le magazine *Sports Illustrés*. Ses réalisations ont atteint un sommet le 14 novembre 1993 alors que les Dolphins de Miami battaient les Eagles de Philadelphie au compte de 19-14. Cette victoire représentait la 325e victoire en carrière pour Don Shula, surpassant ainsi le record de George Halas qu'on avait toujours cru impossible de dépasser.

Voici les faits majeurs de cette carrière exceptionnelle qui représente un modèle pour tous les joueurs et entraîneurs de la LNF :

- Don Shula est le seul entraîneur à avoir mené une équipe (les Dolphins de Miami) à une saison sans défaite avec une fiche parfaite de 17-0. Cela se passait en 1972.

- Don Shula a participé à 6 Super Bowl, c'est plus souvent que tout autre entraîneur ne l'ait fait.

- Depuis 1970, Don Shula a permis aux Dolphins d'obtenir le plus haut pourcentage de victoires en saison régulière que toute autre équipe de sport professionnel.

- En 32 ans de carrière comme entraîneur-chef, Don Shula a obtenu 319 victoires en saison régulière ; une seule victoire de plus aurait représenté une moyenne de 10 victoires par saison.

- Don Shula a été le plus jeune entraîneur à avoir remporté 100 victoires.

- Il a été également le plus jeune entraîneur à avoir remporté 200 victoires.

- Enfin, Don Shula a été le plus jeune entraîneur à avoir remporté 300 victoires.

Don Shula accorde une importance primordiale aux valeurs familiales et à la foi catholique. Dorothy Bartish a été son épouse pendant 32 ans. Elle décéda en 1991. Cinq enfants sont issus de leur union: deux garçons et trois filles. Son fils aîné, David, est entraîneur pour les Bengals de Cincinnati. Mike, le cadet, est entraîneur des ailiers rapprochés pour les Bears de Chicago. Don Shula demeure à Miami avec Mary Anne, qu'il a épousée le 16 octobre 1993.

- *Ken Blanchard* possède une réputation internationale comme auteur, professeur et consultant. Sa série de livres *Le Manager minute*, écrite en collaboration avec plusieurs grands penseurs américains, a atteint un chiffre de ventes dépassant les 9 millions d'exemplaires et a été traduite en plus de 25 langues. Il est également auteur ou coauteur de 4 autres livres dont *Éthique et management* écrit en collaboration avec Norman Vincent Peale et *Raving Fans*, écrit en collaboration avec Sheldon Bowles. Son dernier livre, *We are the Beloved*, porte sur son évolution spirituelle.

Ken Blanchard a remporté plusieurs prix dans le domaine de la gestion et du leadership. Il reçut en 1991 la plus haute distinction de la «National Speaker's Association», le prix «Council of Peers Award for Excellence». En 1992, il était intronisé au «Human Development Hall of Fame» par le magazine *Training* et le «Lakewood Conferences». Il reçut également, en 1992, le prix «Golden Gravel» de «Toastmasters International».

En 1979, Ken Blanchard fut cofondateur avec son épouse Marjorie de la compagnie «Blanchard Training and Development, Inc.» (BTD) dont le siège social se trouve à Escondido, en Californie. Les Blanchard, tous deux diplômés de l'Université Cornell, travaillent avec leurs associés à conseiller et à former des leaders et des gestionnaires à travers le monde. Ils leur enseignent à devenir de meilleurs entraîneurs et à développer des entreprises florissantes. Disney, Glaxo, Honda, Kodak, Lenscrafters, Petro Canada et The Gap, figurent parmi leur liste impressionnante de clients.

Les Blanchard ont deux enfants, Scott et Debbie, qui travaillent également pour la compagnie BTD. Debbie est responsable des communications à la mise en marché et Scott œuvre dans le domaine de la formation et de la consultation. Ils résident tous à San Diego.

Services disponibles

Don Shula et Ken Blanchard offrent leurs services de conférenciers pour des conventions et des entreprises qui s'intéressent au concept de C.O.A.C.H.. De plus, leur enseignement peut être dispensé par le biais de cassettes audio et de vidéocassettes. Un séminaire spécial a été conçu conjointement par la compagnie «Blanchard Training and Development, Inc.» et Franklin Quest, l'instigateur du «Système d'agenda Quest». Pour de plus amples informations au sujet de ces produits et programmes, ou pour toute question à propos de *Sports versus Affaires*, veuillez entrer en communication avec la société suivante:

Blanchard Training and Development, Inc.
125 State Place
Escondido, CA 92029
619 489-5005
800 728-6000
À l'attention de: Harry Paul ou Pete Psichogios

La BTD offre également un service de consultation et des séminaires portant sur tous les aspects du développement organisationnel et de la performance.

Pour connaître la disponibilité de Don Shula, ou pour toute question se rapportant au livre *Sports versus Affaires*, communiquez avec M. O. Morgan, Jr. à l'adresse suivante:

Charles O. Morgan, Jr., PA
1300 Northwest 167th Street
Miami, FL 33169
305 624-0011

COLLECTION

MOTIVATION
ÉPANOUISSEMENT
PERSONNEL
▲

CHEZ LE MÊME ÉDITEUR
dans la même collection:

Atteindre votre plein potentiel, *Norman Vincent Peale*
Attitude d'un gagnant, *Denis Waitley*
Comment se faire des amis facilement. *C.H. Teear*
Comment se fixer des buts et les atteindre, *Jack E. Addington*
Cycles du succès (Les), *Robert A. Schuller*
Développez habilement vos relations humaines, *Leslie T. Gibbin*
Développez votre confiance et votre puissance avec les gens, *Leslie T. Gibbin*
Devenez la personne que vous rêvez d'être, *Robert H. Schuller*
Devenir le meilleur, *Denis Waitley*
Dites oui à votre potentiel, *Skip Ross*
En route vers la qualité totale par l'excellence de soi, *André Quéré*
En route vers le succès, *Rosaire Desrosby*
Enthousiasme fait la différence (L'), *Norman Vincent Peale*
Fonceur (Le), *Peter B. Kyne*
Fortune en dormant (La), *Ben Sweetland*
Homme est le reflet de ses pensées (L'), *James Allen*
Homme le plus riche de Babylone (L'), *George S. Clason*
Magie de croire (La), *Claude M. Bristol*
Magie de penser succès (La), *David J. Schwartz*
Magie de s'autodiriger (La), *David J. Schwartz*
Magie de vivre des rêves (La), *David J. Schwartz*
Magie de voir grand (La), *David J. Schwartz*
Mémorandum de Dieu (Le), *Og Mandino*
Pensée positive (La), *Norman Vincent Peale*
Pensez en gagnant! *Walter Doyle Staples*

227

Pensez possibilités! *Robert H. Schuller*
Performance maximum, *Zig Ziglar*
Personnalité plus, *Florence Littauer*
Plus grand miracle du monde (Le), *Og Mandino*
Plus grand secret du monde (Le), *Og Mandino*
Plus grand succès du monde (Le), *Og Mandino*
Plus grand vendeur du monde (Le) partie 2, suite et fin, *Og Mandino*
Puissance d'une vision (La), *Kevin W. McCarthy*
Quant on veut, on peut! *Norman Vincent Peale*
Relations humaines, secret de la réussite (Les), *Elmer Wheeler*
Rendez-vous au sommet, *Zig Ziglar*
Retour du chiffonnier (Le), *Og Mandino*
Réussir à tout prix, *John et Shirley Lane-Smith*
S'aimer soi-même, *Robert H. Schuller*
Saisons du succès (Les), *Denis Waitley*
Secrets de la confiance en soi (Les), *Robert Anthony*
Si j'avais su... *Aline Lévesque et éditions Un monde différent*
Succès d'après la méthode de Glenn Bland (Le), *Glenn Bland*
Tout est possible, *Robert H. Schuller*
Vie est magnifique (La), *Charlie T. Jones*
Votre droit absolu à la richesse, *Joseph Murphy*
Votre force intérieure T.N.T., *Claude M. Bristol et Harold Sherman*
Votre passe-partout vers les richesses, *Napoleon Hill*

En vente chez votre libraire ou à la maison d'édition
Prix sujets à changement sans préavis

Si vous désirez recevoir le catalogue de nos parutions,
il vous suffit de nous écrire à l'adresse suivante:
Les éditions Un monde différent ltée
3925, Grande-Allée
Saint-Hubert (Québec), Canada J4T 2V8
ou de composer le (514) 656-2660

Notes

Notes

Notes

Notes

Notes

<u>Notes</u>

Notes

Notes

Notes

_____
_____
_____
_____
_____
_____
_____
_____
_____
_____
_____
_____
_____
_____
_____
_____
_____
_____
_____

Notes

☐ Oui, faites-moi parvenir le catalogue de vos publications et les informations sur vos nouveautés

☐ Non, je ne désire pas recevoir votre catalogue mais seulement les informations sur vos nouveautés

OFFRE SPÉCIALE

OFFRE SPÉCIALE

OFFRE D'UN CATALOGUE GRATUIT

Nom: _____

Profession: _____

Compagnie: _____

Adresse: _____

Ville: _____ Code postal: _____

Code postal: _____

Téléphone: (_____)_____ Télécopieur: (_____)_____

Découpez et postez à: Les éditions Un monde différent ltée
3925, Grande-Allée, Saint-Hubert,
Québec, Canada   J4T 2V8

imprimerie gagné ltée